U0728373

何仁甫先生（1895—1969）

何仁甫先生练功照

何仁甫先生生活照

# 何仁甫

川派中医药名家系列丛书

马　云　贺前松　主编

中国中医药出版社

·北　京·

**图书在版编目（CIP）数据**

川派中医药名家系列丛书.何仁甫 / 马云,贺前松

主编 . -- 北京 : 中国中医药出版社 , 2025. 7

ISBN 978-7-5132-9528-4

Ⅰ. K826.2；R249.7

中国国家版本馆 CIP 数据核字第 2025QB8732 号

---

**中国中医药出版社出版**

北京经济技术开发区科创十三街 31 号院二区 8 号楼

邮政编码　100176

传真　010-64405721

河北盛世彩捷印刷有限公司印刷

各地新华书店经销

开本 710×1000　1/16　印张 7.5　彩插 0.5　字数 126 千字

2025 年 7 月第 1 版　2025 年 7 月第 1 次印刷

书号　ISBN 978－7－5132－9528－4

定价　40.00 元

网址　www.cptcm.com

服 务 热 线　010-64405510

购 书 热 线　010-89535836

维 权 打 假　010-64405753

微信服务号　zgzyycbs

微商城网址　https://kdt.im/LIdUGr

官 方 微 博　http://e.weibo.com/cptcm

天猫旗舰店网址　https://zgzyycbs.tmall.com

如有印装质量问题请与本社出版部联系（010-64405510）

版权专有　侵权必究

何仁甫先生手稿

何氏老宅

《巴蜀史志》介绍何氏骨科

《少城文史资料》介绍何氏骨科

何仁甫先生自研药品

《川派中医药名家系列丛书》编委会

总　主　编：田兴军　杨殿兴
副总主编：杨正春　张　毅　和中浚
编写秘书：彭　鑫　邢　军


《何仁甫》编委会

主　　编：马　云　贺前松
副　主　编：李国帅　陶　熙　于顺龙
编　　委：杜　娟　何　剑　吴信仿　牟小玲
　　　　　严致远　叶丹丹　时　刚　刘潇蔓
　　　　　陈　瑶　黄培海　李梦瑶　杨　冬

# 总序————————加强文化建设，唱响川派中医

　　四川，雄踞我国西南，古称巴蜀。成都平原自古就有天府之国的美誉，天府之土，沃野千里，物华天宝，人杰地灵。

　　四川号称"中医之乡""中药之库"，巴蜀自古出名医、产中药。据历史文献记载，从汉代至清代，见诸文献记载的四川医家有 1000 余人，川派中医药影响医坛 2000 多年，历久弥新；川产道地药材享誉国内外，业内素有"无川（药）不成方"的赞誉。

## 医派纷呈　源远流长

　　经过特殊的自然、社会、文化的长期浸润和积淀，四川历代名医辈出，学术繁荣，医派纷呈，源远流长。

　　汉代以涪翁、程高、郭玉为代表的四川医家，奠定了古蜀针灸学派。涪翁为四川绵阳人，曾撰著《针经》，开巴蜀针灸先河，影响深远。郭玉为涪翁弟子，曾任汉代太医丞。1993 年，在四川绵阳双包山汉墓出土了最早的汉代针灸经脉漆人；2013 年，在成都老官山汉墓再次出土了汉代针灸漆人和 920 支医简，带有"心""肺"等线刻小字的人体经穴髹漆人像是我国考古史上的首次发现，应是我

国迄今发现的最早、最完整的经穴人体医学模型，其精美程度令人咋舌！这又一次证明了针灸学派在巴蜀有着悠久的历史，影响深远。

四川山清水秀，名山大川遍布。道教的发祥地青城山、鹤鸣山就坐落在成都市。青城山、鹤鸣山是中国的道教名山，也是中国道教的发源地之一，自东汉以来历经近2000年，不仅传授道家的思想，道医的学术思想也因此启蒙产生。道家注重炼丹和养生，历代蜀医多受影响，一些道家也兼行医术，如晋代蜀医李常在、李八百，宋代皇甫坦，以及明代著名医家韩懋（号飞霞道人）等，可见丹道医学在四川影响之深远。

川人好美食，以麻、辣、鲜、香为特色的川菜享誉国内外。川人性喜自在休闲，养生学派也因此产生。长寿之神——彭祖，号称活了800岁，相传他经历了尧、舜、夏、商诸朝，据《华阳国志》载，"彭祖本生蜀""彭祖家其彭蒙"，由此推断，彭祖不但家在彭山，而且他晚年也落叶归根于此，死后葬于彭祖山。彭祖山坐落在眉山市彭山县。彭祖的长寿经验在于注意养生锻炼，他是我国气功的创始人，其健身法被后人写成"彭祖导引法"。他善烹饪之术，创制的"雉羹之道"被誉为"天下第一羹"，屈原在《楚辞·天问》中写道："彭铿斟雉，帝何飨？受寿永多，夫何久长？"这也反映了彭祖在推动我国饮食养生方面做出了重要贡献。五代至北宋初年，四川安岳人陈抟，为著名的道教学者，著有《指玄篇》《胎息诀》《观空篇》《阴真君还丹歌注》等。他注重养生，强调内丹修炼法，将黄老的清静无为思想、道教修炼方术和儒家修养、佛教禅观会归一流，被后世尊称为"睡仙""陈抟老祖"。现安岳县有保存完整的明代陈抟墓，以及陈抟的《自赞铭》，这是全国独有的实物。

四川医家自古就重视中医脉学，成都老官山汉墓出土的汉代医简中就有《五色脉诊》（原有书名）一书，其余几部医简经初步整理暂定名为《敝昔医论》《脉死候》《六十病方》《病源》《经脉书》《诸病症候》《脉数》等。经学者初步考证推断这极有可能为扁鹊学派已经亡佚的经典书籍。扁鹊是脉学的倡导者，而此次出土的医书中脉学内容占有重要地位，一起出土的还有用于经脉教学的人体模型。唐代杜光庭著有脉学专著《玉函经》3卷，后世王鸿骥的《脉诀采真》、廖平的《脉学辑要评》、许宗正的《脉学启蒙》、张骥的《三世脉法》等，均为脉诊的发展作出了贡献。

昝殷，唐代四川成都人。昝氏精通医理，通晓药物学，擅长妇产科。唐大中年间，他将前人有关经、带、胎、产及产后诸症的经验效方及自己临证验方共378首，编成《经效产宝》3卷，是我国最早的妇产科专著。该书与北宋时期著名妇产科专家杨康侯（四川青神县人）编著的《十产论》等一批妇产科专论一起奠定了巴蜀妇产学派的基石。

宋代，以四川成都人唐慎微为代表撰著的《经史证类备急本草》，集宋代本草之大成，促进了本草学派的发展。宋代是巴蜀本草学派的繁荣发展时期，陈承的《重广补注神农本草并图经》，孟昶、韩保昇的《蜀本草》等，丰富、发展了本草学说，明代李时珍的《本草纲目》正是在此基础上产生的。

宋代也是巴蜀医家学术发展最活跃的时期。四川成都人、著名医家史崧献出了家藏的《灵枢》，校正并音释，名为《黄帝素问灵枢经》，由朝廷刊印颁行，为中医学发展做出了不可估量的贡献，可以说，没有史崧的奉献就没有完整的《黄帝内经》。虞庶撰著的《难经注》、杨康侯的《难经续演》，为医经学派的发展奠定了基础。

史堪，四川眉山人，为宋代政和年间进士，官至郡守，是宋代士人从医的代表人物之一，与当时的名医许叔微齐名，其著作《史载之方》为宋代重要的名家方书之一。同为四川眉山人的宋代大文豪苏东坡，也有《苏沈内翰良方》（又名《苏沈良方》）传世，是宋人根据苏轼所撰《苏学士方》和沈括所撰《良方》合编而成的中医方书。上述著作加之明代韩懋的《韩氏医通》等方书，一起成为巴蜀医方学派的代表。

四川盛产中药，川产道地药材久负盛名。以回阳救逆、破阴除寒的附子为代表的川产道地药材，既为中医治病提供了优良的药材，也孕育了以附子温阳为大法的扶阳学派。清末四川邛崃人郑钦安提出了中医扶阳理论，他的《医理真传》

《医法圆通》《伤寒恒论》为奠基之作，开创了以运用附、姜、桂为重点药物的温阳学派。

清代西学东渐，受西学影响，中西汇通学说开始萌芽。四川成都人唐宗海以敏锐的目光捕捉西学之长，融汇中西，撰著了《血证论》《中西汇通医经精义》《本草问答》《金匮要略浅注补正》《伤寒论浅注补正》，后人汇为《中西汇通医书五种》，成为"中西汇通"的第一种著作，这也是后来人们将主张中西医兼容思想的医家称为"中西医汇通派"的由来。

## 名医辈出　学术繁荣

中华人民共和国成立后，历经沧桑的中医药受到党和国家的高度重视，在教育、医疗、科研等方面齐头并进，一大批中医药大家焕发青春，在各自的领域里大显神通，中医药事业欣欣向荣。

四川中医教育的奠基人——李斯炽先生，在 1936 年创立了"中央国医馆四川分馆医学院"，简称"四川国医学院"。该院为国家批准的办学机构，虽属民办但带有官方性质。四川国医学院也是成都中医学院（现成都中医药大学）的前身，当时汇集了一大批中医药的仁人志士，如内科专家李斯炽、伤寒专家邓绍先、中药专家凌一揆等，还有何伯勋、杨白鹿、易上达、王景虞、周禹锡、肖达因等一大批蜀中名医，可谓群贤毕集，盛极一时。该学院共招生 13 期，培养高等中医药人才 1000 余人，这些人后来大多数都成了中华人民共和国成立后的中医药界领军人物，成为四川中医药发展的功臣。

1955 年国家在北京成立了中医研究院，1956 年在全国西、北、东、南各建立了一所中医学院，即成都中医学院、北京中医学院、上海中医学院、广州中医学院。成都中医学院第一任院长由周恩来总理亲自任命。李斯炽先生继创办四川国医学院之后又成为成都中医学院的第一任院长。成都中医学院成立后，在原国医学院的基础上，又汇集了一大批有造诣的专家学者，如内科专家彭履祥、冉品珍、彭宪章、傅灿冰、陆干甫；伤寒专家戴佛延；医经专家吴棹仙、李克光、郭仲夫；中药专家雷载权、徐楚江；妇科专家卓雨农、曾敬光、唐伯渊、王祚久、王渭川；温病专家宋鹭冰；外科专家文琢之；骨科、外科专家罗禹田；眼科专家陈达夫、刘松元；方剂专家陈潮祖；医古文专家郑孝昌；儿科专家胡伯安、曾应台、肖正安、吴康衡；针灸专家余仲权、薛鉴明、李仲愚、蒲湘澄、关吉多、杨介宾；医史专家孔健民、李介民；中医发展战略专家侯占元等，真可谓人才济济，群星灿烂。

北京成立中医高等院校、科研院所后，为了充实首都中医药人才的力量，四川一大批中医名家进驻北京，为国家中医药的发展做出了巨大贡献，也展现了四川中医的风采！如蒲辅周、任应秋、王文鼎、王朴城、王伯岳、冉雪峰、杜自明、李重人、叶心清、龚志贤、方药中、沈仲圭等，各有精专，影响广泛，功勋卓著。

北京四大名医之首的萧龙友先生，为四川三台人，是中医界最早的学部委员（院士，1955 年）、中央文史馆馆员（1951 年），集医道、文史、书法、收藏等于一身，是中医界难得的全才！其厚重的人文功底、精湛的医术、精美的书法、高尚的品德，可谓"厚德载物"的典范。2010 年 9 月 9 日，萧龙友先生诞辰 140 周年、逝世 50 周年，故宫博物院在北京隆重举办了"萧龙友先生捐赠文物精品展"，以缅怀先生，并表彰先生的收藏鉴赏水平和拳拳爱国情怀。萧龙友先生是一代举子、一代儒医，精通文史，书法绝伦，是中国近代史上中医界的泰斗、国学家、教育家、临床大家，是四川的骄傲，也是吾辈的楷模！

## 追源溯流　振兴川派

时光飞转，掐指一算，我自 1974 年赤脚医生的"红医班"始，到 1977 年大学学习、留校任教、临床实践、跟师学习、中医管理，入中医医道已 40 余年，真可谓弹指一挥间。在中医医道的学习、实践、历练、管理、推进中，我常常心怀感激，心存敬仰，常有激情和冲动，其中最想做的一件事就是将这些中医药实践的伟大先驱者，用笔记录下来，为他们树碑立传、歌功颂德！缅怀中医先辈的丰功伟绩，分享他们的学术成果，继承不泥古，发扬不离宗，认祖归宗，又学有源头，师古不泥，薪火相传，使中医药源远流长，代代相传，永续发展。

今天，时机已经成熟，四川省中医药管理局组织专家学者，编著了大型中医专著《川派中医药源流与发展》，横跨近 2000 年的历史，梳理中医药历史人物、著作，以四川籍（或主要在四川业医）有影响的历史医家和著作为线索，厘清历史源流和传承脉络，突出地方中医药学术特点，认祖归宗，发扬传统，正本清源，继承创新，唱响川派中医药。其中，"医道溯源"是以清代以前的川籍或在川行医的中医药历史人物为线索，介绍医家的医学成就和学术精华，作为各学科发展的学术源头。"医派流芳"是以近现代著名医家为代表，重在学术流派的传承与发展，厘清流派源流，一脉相承，代代相传，源远流长。

我们在此基础上，还编著了"川派中医药名家系列丛书"，汇集了一大批近现代四川中医药名家，遴选他们的后人、学生等整理其临床经验、学术思想，编辑成册。丛书拟选择 100 人，这是一批四川中医药的代表人物，也是难得的宝贵文化遗产。今天，经过大家的齐心协力终于得以付梓。在此，对为本系列书籍付出心血的各位作者、出版社编辑人员一并致谢！

由于历史久远，加之编撰者学识水平有限，书中罅、漏、舛、谬在所难免，敬望各位同人、学者，提出宝贵意见，以便再版时修订提高。

中华中医药学会　副会长

四川省中医药学会　会　长

四川省中医药管理局　原局长　杨殿兴

成都中医药大学　教授、博士生导师

2015 年春于蓉城雅兴轩

# 何天佐序————————————————

中医药学包含着中华民族几千年的健康养生理念及其实践经验，凝聚着中国人民和中华民族的博大智慧。随着医学事业的发展，先辈经过反复实践和积累，创建了以防治骨关节及其周围筋肉损伤与疾病的中医骨伤科学，并逐步总结出以药物、手法、固定、练功为核心的中医骨伤科治疗方法，为中华民族的繁衍昌盛作出了重要的贡献。

随着西方医学技术的引进，创伤性手术、关节置换手术、骨折内固定手术等骨科手术日益盛行。部分中医骨伤科医生为避免发生医疗纠纷，刻意追求解剖复位，尤其是在对手术风险、术后并发症、骨折延迟愈合等问题缺乏思考的情况下，热衷于开展西医骨科手术，却忽视了本学科的传承发展。正如《医宗金鉴·正骨心法要旨》所言："素知其体相，识其部位，一旦临证，机触于外，巧生于内，手随心转，法从手出。"中医骨伤科学的理论体系完整和治疗手段丰富，具有西医骨科学不可替代的优势。中医骨伤科医生理应重视本学科的传承与发展，在吸收西医骨科技术优势的同时，切不可丢弃中医骨伤科的精髓。

笔者细读马云主任医师及贺前松副主任医师主编的《川派中医药名家系列丛书·何仁甫》，倍感欣慰。本书主要围绕家父何仁甫的生平经历、学术思想、临床经验和学术传承进行叙述，以题明旨，以例为证，系统总结家父在中医骨伤科领域的学术成就。本书编写团队在承担着繁重的临床、教学、科研和管理工作之余，出于对中医骨伤科的热爱，利用休息时间查阅大量中医文献、资料，挖掘、整理、总结前辈名医的学术思想和诊治经验，不断提高自身素质和业务水平，并将所学施之于临床，服务于患者。这种砥砺奋进、孜孜不倦、探微索隐的精神难能可贵。发扬光大中医骨伤科需要更多同仁具备这种精神。随着科技的进展，中医、西医都必须与时俱进。作为一名中医人，当发扬中医之特色，汲取西医之长处，以患者为中心，全心全意地为广大患者服务。最后，希望本书编写团队能够持之以恒，不懈努力，为中医骨伤科学的传承和弘扬作出更大贡献。

何天佐

2017 年 9 月

# 编写说明

何仁甫老先生为何氏骨科第四代传人，自幼继承家学，勤求古训，中西结合，治学严谨，撰有《特呼尔正骨手法》《无暇斋正骨经验》《仁济医话》等著作，被誉为蜀中名医，其生平事迹载入《四川省近现代人名录》《成都满蒙族志》等。其后人励精图治，通过四十余年的辛勤耕耘，开创了四川何氏骨科的新局面。

笔者有幸师从何仁甫老先生的传人何天佐先生，系统学习并全面继承了何氏骨科的学术思想和临床技艺，在临床工作中运用何氏骨科独特手法和专方专药治疗各类骨伤科疾病，每获良效。在近三十年的学习和工作中，笔者常感佩于何氏骨科医术之卓著疗效，更深为其精妙独特的学术思想所折服。

由于历史原因，何仁甫老先生生前诸多文字资料已遗失。本书所涉及的何仁甫老先生医理医技特色，皆是通过整理其传人的口述实录及相关佐证文字、影像资料而来。书中病案均系其传人临床经验病案，病案中涉及的专方专药皆由何仁甫老先生厘定，后经何氏骨科第五代传人何天佐，第六代传人马云、贺前松等进行优化改进，大规模应用于临床。本书编写团队历经大量调研，广泛查阅、收集资料，并结合多位何氏骨科学术流派传人的临床经验，力争阐释何仁甫老先生的学术思想、实践特色，深入探寻四川何氏骨科的发展脉络。由此，一位博学多才且古道热肠的骨科圣手形象跃然眼前，这亦使我们对祖国博大精深的传统医学，特别是中医骨伤科学，愈加增添了由衷的热爱与崇高的敬意。

在编写期间，何仁甫老先生的传人及家属无私地提供了诸多珍贵的原始资料，已故恩师何天佐先生生前更是在百忙之中对本书进行了全面的指导与修正。在此，笔者向他们致以诚挚的谢意。本书能够顺利出版，还得益于四川省中医药管理局"川派中医药名家学术思想及临床经验研究专项"的资助。在此，我们诚挚地感谢主管部门在本书的编写和出版过程中给予的大力支持。

受技术条件限制及历史原因，相关原始资料留存相对较少，书中难免存在遗漏与错误之处。望各位同行不吝赐教，提出宝贵的意见和建议，以便本书后续改进。"何氏骨科，造福人类"，我们坚信，在党和国家的关怀下，何氏骨科、中医骨科乃至整个中医事业，必将蓬勃发展，再创新的辉煌！

贺前松

2024 年 6 月

# 目　录

生平简介

川派中医药名家系列丛书

何仁甫

何仁甫（1895—1969），字同良，号白玉山人，1895 年 7 月出生于四川成都，蒙古族，祖姓特呼尔，系何氏骨科第四代传人。

何仁甫自幼从父何兴仁学医习武，启蒙于成都市蜀华街前清秀才瑞炳麟开办的私塾，1912 年就读成都储才中学，中学毕业后曾入成都春熙路基督教青年会学习英文，语言合格后由该会推荐到华西协和医院（今四川大学华西临床医学院）学习西医学。青年时期，何仁甫又先后拜满族骨科名医卉长斋、蒙古族骨科名医春三爷，擅长治疗骨结核、骨髓炎的汉族外科名医徐寿仙和著名拳师马震江、马镇江为师，融蒙古族、满族、汉族骨伤科学及武学为一体，撰有《特呼尔正骨手法》《无暇斋正骨经验》《仁济医话》等著作。因其医理、医技自成体系、临床疗效蜚声遐迩，被誉为蜀中名医。20 世纪上半叶，以何仁甫为代表的何氏骨科学术流派成为四川中医骨伤科著名医学流派之一。1992 年，何仁甫被载入《四川省近现代人名录》及地方志。

何仁甫的学术思想及医理医技特色，集中体现在辨证诊断、正骨手法和遣方用药三个方面。在辨证诊断方面，何仁甫主张中西合参，尤其要汲取西医仪器检测之长处，但不可依赖仪器，要有"熟悉人体之骨骼形态、关节结构、筋肉之分布及附着于骨之起止点"的功底。何仁甫指出诊病尤当精细，骨伤科疾病有其内必形诸外，患者的一举一动，医者均需仔细观察。除详问损伤之因、仔细观察行动之外，还须再用双手触摸患处以详细诊察。只有诊断辨证精确，治疗才能得当，否则将"差之毫厘，失之千里"，贻害病家。何仁甫将骨伤科疾病首先分为"骨伤""骨病"两类，再将"骨伤"分为"软伤""硬伤"两类，强调应将骨病与中医外科之痈疽疮疡严加区分，不可混为一谈。

在正骨手法方面，何仁甫恪守"医武不分家"的家族传统，自幼习武强身，擅长气功和单刀。何仁甫常说武术与行医相通，都需要将功夫用在平时，因此要"夏练三伏，冬练三九"。"台上几分钟，台下十年功"，若骨伤科医生武功扎实，用力得当，一人即可实施正骨手法；若无健壮体魄，实施正骨手法时便有力不从心或虎头蛇尾之感，因此过硬的武功是骨伤科医生不可或缺的基本功之一。何仁甫强调，手法如书法，手到、心到、气到，才能心手合一，运用自如，做到气沉丹田，力透肱腕，劲达指端，视之不见，触之如电。此外，骨伤科医生应注意尽量减轻患者痛苦，切忌伤而再伤。

在遣方用药方面，何仁甫擅长以外用药物为主治疗骨伤科疾病，认为"局部用药，直达病所，效速而无伤阴败胃之弊"。何仁甫认为药物乃疗伤之工具，医不精药则不足为医。在药材选用上，何仁甫严格遵循祖训，坚持自己栽种、采集、炮制某些祖传特殊药物。如接骨要药仙桃草，何仁甫要事先观察其生长情况，直至小满节气前夕，先将白酒喷在仙桃草的果实上，使果内小虫不致逃遁，旋即剪下果实并捣烂入药，以供临床使用。实践证明，何氏骨科方药在治疗骨伤科疑难重症方面疗效显著。

何仁甫为医一生，淡泊名利。1936 年，国民革命军第 29 军慕名礼聘何仁甫任国术教官兼军医顾问。何仁甫因深感"为医者当以济世活人为要旨"，加之不习惯军营生活，故两年后即毅然辞去官职，回家行医，并潜心研究、总结何氏骨科学术经验。在家行医期间，何仁甫对于经济困难的患者，不仅免收药费，而且慷慨资助。数十年来，受其救济者难以计数。无数患者视他为救命恩人，尊称他为"布衣郎中"。其家门虽从不挂牌，亦无任何诊所标志，但求治者络绎不绝。中华人民共和国成立初期，成都市卫生工作者协会成立，何仁甫成为其首批会员。何仁甫晚年致力于培养何氏骨科第五代传人，将何氏骨科医术及其平生所学传授给了自己三个有志继承何氏祖传医术的孩子——长子何天祥、四子何天佐、五子何天祺。

1969 年 4 月，何仁甫病故，葬于成都市三圣乡凉风顶，后迁至成都市郫都区安德镇安龙村。自何仁甫逝世后，每逢清明时节，常有他救治过的患者或患者家人自发地到他的墓前祭祀、怀念。

临床经验

川派中医药名家系列丛书

何仁甫

# 一、专病论治

## （一）桡骨远端骨折

桡骨远端骨折是指距桡骨远端关节面3cm以内的骨折，是临床常见的骨折类型之一，约占急诊骨折患者的1/6，可分为屈曲型骨折和伸直型骨折两类。屈曲型骨折在桡骨远端骨折中较伸直型骨折少见，致伤机制为前臂旋后，手背触地，常伴有下尺桡关节脱位，受伤往往较重。关于屈曲型骨折的治疗方法，清·胡廷光在《伤科汇纂》中指出："腕骨屈而宛，形如龙虎吞，手心贴于前，仰掌向上掀，指背翻于后，手掌往下扪，均须带拔势，妙法出秘门。"何仁甫治疗桡骨远端骨折一般应用瞬间复位法，中立位复位，并使用联合夹缚外固定法固定。

【病案】患者，男，20岁。

主诉：右腕部肿痛、畸形、功能障碍2小时。

现病史：患者于2小时前不慎摔倒致伤，随即出现右腕肿胀疼痛、畸形、功能障碍，自诉伤后无头晕头痛、胸闷心悸、呼吸困难、腹胀腹痛、恶心呕吐，无意识障碍，无逆行性遗忘，无四肢厥冷、出冷汗。外院X线片提示：右桡骨远端骨折，断端向掌侧移位。患者不愿接受手术治疗，遂求治于中医骨伤科。刻下症：患者右腕部未见皮肤破损，局部肿胀，皮下散在瘀斑，可扪及骨擦感、闻及骨擦音，压痛（＋），纵轴叩击痛（＋），活动受限，肢端血液循环及皮肤感觉尚可。舌淡，苔薄白，脉涩。

西医诊断：右桡骨远端骨折。

中医诊断：骨折，气滞血瘀、骨断筋伤证。

治疗方案：①手法整复。使用何氏骨科瞬间复位法进行整复。患者取坐位，患肢外展，肘屈90°，前臂中立位。助手固定患者上臂下端，医者在患肢前外侧，一手与患者虎口对握，食指钩住患者第一掌骨基底加力拔伸牵引；另一手拇指按于折骨移位最大点，其余四指在桡侧背侧做稳定。在牵引达到已拉开嵌入而使骨折远端松动时，医者突然强力迫使患者腕背伸及尺侧屈，并同时用力按压、卡扳相结合，迫使骨折远端复位，并立即将患手恢复到中立位。②固定。运用何氏骨科联合夹缚外固定术固定患肢。压垫为君，夹板为臣，扎带、绷带为佐使。医者根据患者患肢形状，用一纸壳剪成一块长椭圆形压垫，折弯约 90°，压垫宽度为骨折远端的 2/3，长度略长于骨折线桡背侧长度之和，纸壳内衬棉垫，放置于骨折部的桡掌侧，压垫的 2/3 位于骨折远端，1/3 位于近端；裁剪、制作吻合患者肢体形的小夹板四块，掌、桡侧夹板超关节，以扎带固定；扎带松紧度为上下移动不超过 1cm；绷带包扎固定；最后使用防旋板固定患者前臂，患肢悬吊于屈肘中立位。定期调整夹板松紧度。手法治疗后，嘱患者避免做前臂旋转运动，防止再移位。③药物治疗。伤后第 1 周，患者右腕部及前臂处外敷消肿止痛散，隔日一换；内服肿痛宁胶囊，每次 4 粒，每日 3 次。伤后第 2～4 周，患者右腕部及前臂外敷续断接骨散、止痛壮骨散，隔日一换。④功能锻炼。患者于复位成功后即进行"握拳伸指""抓空增力"练习，复位 1 周后进行"云手"练习，2～3 周时进行"青龙摆尾"练习，外固定去除后行"上翘下钩"练习。

治疗 1 个多月后，患者功能恢复良好，临床治愈出院。治疗前后 X 线片见图 1。

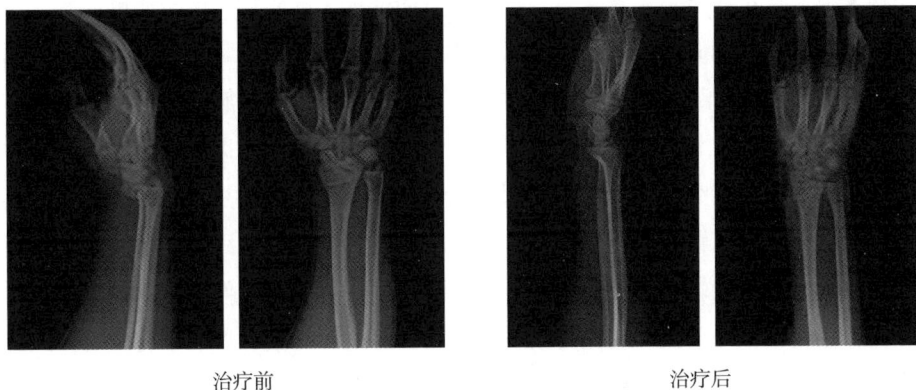

治疗前　　　　　　　　　　　　治疗后

图 1　右桡骨远端骨折治疗前后 X 线片对比

**按语：**本案中，医者采用何氏骨科"瞬间复位法"，中立位复位，并使用联合夹缚外固定法固定。手法治疗后，复位效果佳，医者随即按照骨折三期用药辨证施治，早期外敷消肿止痛散，内服肿痛宁胶囊，外敷、内服相结合，以达活血止血、行气散瘀、消肿止痛之功；中后期在骨折处外敷续断接骨散，周围外敷止痛壮骨散，以达接骨续筋、补肝益肾、强筋壮骨之功，并根据患者骨折愈合情况，在不同时间段予以相应的功能锻炼。经治疗月余，患者临床治愈。本案既体现了何氏骨科"快、准、稳"的整复技巧，又体现了何仁甫"因形制具"的理念，以及内治、外治并重，骨折三期辨证论治及分部位用药的特点，充分展示何氏骨科理法方药的系统性和独创性。

### （二）尺桡骨双骨折

尺桡骨双骨折是临床常见的前臂损伤类型之一。《医宗金鉴·正骨心法要旨》言："臂骨者，自肘至腕，有正辅二根。其在下而形体长大，连肘尖者，为臂骨；其在上而形体短细者，为辅骨，俗名缠骨。叠并相倚，俱下接于腕骨焉。凡臂骨受伤者，多因迎击而断也。或断臂辅二骨，或唯断一骨，瘀血凝结疼痛。"根据发病机制的不同，可将尺桡骨双骨折分为横断型、短斜型、螺旋型三种类型。

何仁甫在尺桡骨中下段双骨折的整复方面主要强调以下两点：①整复体位选择前臂旋前位。尺骨上大而下小，上端是肘关节的主要组成部分；桡骨则相反，上小而下大，下端是腕关节的主要组成部分。尺、桡骨上下端又相互形成上、下尺桡关节。从正面看，尺骨较直，桡骨干有向桡侧突的生理弧度；从侧面看，尺桡骨干均有向背侧突的生理弧度。尺、桡骨之间还有一纤维骨间膜相连，此骨间膜除供前臂肌肉附着外，对稳定上、下尺桡关节及维持前臂旋转功能起着重要作用。前臂处于中立位时，两骨间隙最宽，骨间膜全部紧张；前臂处于旋后位时，骨间膜稍窄；前臂处于旋前位时，尺桡骨在中上 1/3 处交叉，间隙最窄，骨间膜松弛。因此，在前臂旋前位对尺桡骨中下段双骨折进行整复固定，有利于骨间膜宽度恢复，避免旋转功能障碍。此外，导致前臂骨折的暴力作用通常较大，患处往往肿胀较重，局部血肿的张力效应和暴力本身均可导致骨折端重叠较重，因此前臂旋前位有利于医者更稳定地进行折顶。②强调过程中的持续牵引。何仁甫整复尺桡骨双骨折时，将对骨折远端的持续牵引贯穿整个整复过程。牵引力量据整复过程变化，折顶前的牵引力量稍大，折顶时牵引力量稍减小，待骨折远端向骨折近端接触后进行反折，同时加大远端的牵引力，以促进成功复位。此外，整复过程切忌使用暴力或突然用力。医者和助手术前应仔细阅片，充分评估患者耐受力及肢体损伤、肿胀情况，从而确定整复时机和力度，力求整复过程平稳柔和，避免医源性损伤。

尺、桡骨下 1/3 段骨折，掌、背、尺、桡四面均发生解剖位置改变，骨折治疗后如不固定，可能发生再移位。何仁甫在临床固定中特别重视气的通畅，指出从固定的稳定度来看，约束力越大越好；从损伤的修复、患肢的生理功能来看，约束力越小越好。因此，最恰当的约束力是保证"气"通畅周流的最小压应力。这个力不是一成不变的，会随着损伤部位、患肢周径、年龄、肌弹性，以及压垫使用数目、形状、大小、厚薄等许多因素的不同而变化。

何仁甫在尺桡骨双骨折的固定方面主要应用夹缚外固定术，并结合患者年龄、体格及骨折移位情况制作外固定器具。治疗时，首先用绷带由内向外包扎数圈，并将两块弧形小压垫置于桡尺骨的背侧和桡骨外侧；再以四块小夹板（长度比前臂略短，宽度根据患者前臂粗细决定）进行扎带捆扎，四块小夹板不能相互接触，扎带要松紧适度，以上下移动 1cm 为宜；最后使用防旋板固定前臂，防止前臂旋转，并将前臂置于中立位，用三角巾固定于胸前。

何仁甫传人在运用外敷药治疗骨伤疾患时，常采取分期、分部位用药法，明显提高药物使用的精准性，有效缩短治疗周期。在治疗尺桡骨双骨折方面，早期常选用消肿止痛散外敷患处以行气活血、消肿止痛；中后期在患处外敷续断接骨散以活血化瘀、接骨生新，周围外敷消肿止痛散以行气活血，为骨折愈合提供有利条件，辅以早、中、后期的功能锻炼以促进功能恢复，大幅提高临床疗效。

【病案】患者，男，11 岁，学生。

主诉：左腕疼痛、外观畸形、活动困难 1 小时。

现病史：患者不慎从高处摔下，左手着地，即感左腕疼痛，外观畸形，活动困难。刻下症：患者生命体征平稳，心、肺、腹部未见明显异常，右手扶左腕于胸前，左腕外观畸形，左腕及手背肿胀，环形压痛（＋），可扪及骨擦感、闻及骨擦音，左腕活动困难，肢端循环尚可，各指活动受限。舌淡红，苔薄白，脉浮数。

西医诊断：左尺桡骨下 1/3 段骨折。

中医诊断：骨折，骨断筋伤、气滞血瘀证。

治疗方案：①手法整复。患者取坐位，患肢外展，屈肘 90°，前臂中立位。助手固定患者前臂近端，医者在患者患肢前外侧，一手与患者虎口对握，食指钩住患者第 1 掌骨基底部加力拔伸牵引，另一手手掌在尺侧骨折近端做稳定，使腕关节尺屈，纠正桡骨骨折远端的桡侧移位和尺骨向尺侧成角，再将患者前臂置于旋前位，医者双手拇指置于骨折远端，其余四指在骨折近端做稳定，在持续牵引下使骨折远端背伸，加大成角，当断端接触时快速掌屈到极限，立即恢复到中立位，整复结束。②固定。完成手法治疗后在患肢处外敷消肿止痛散，并使用何氏骨科联合夹缚外固定术固定，三角巾悬吊患肢于屈曲中立位贴胸位，禁止前臂旋转以防止再移位。后期根据患肢肿胀、扎带松紧情况调整夹板松紧度。③药物治疗。早期外敷消肿止痛散以消肿止痛、行气活血，中、后期在断端处外敷续断接骨散以接骨生新，周围外敷消肿止痛散以行气活血。定期换药，每周 3 次。④功能锻炼。早期进行手指屈伸和肩关节活动，上臂及手指部位可适当用外用药酒按摩；中期进行肘关节屈伸活动；后期在医生指导下进行前臂旋转活动，从 10°～20°开始，逐渐加大活动度。去除外固定后逐渐进行负重锻炼。

治疗 1 个月后，患者骨折对位、对线好，中量骨痂生长，功能恢复良好，临床治愈出院。治疗前后 X 线片见图 2。

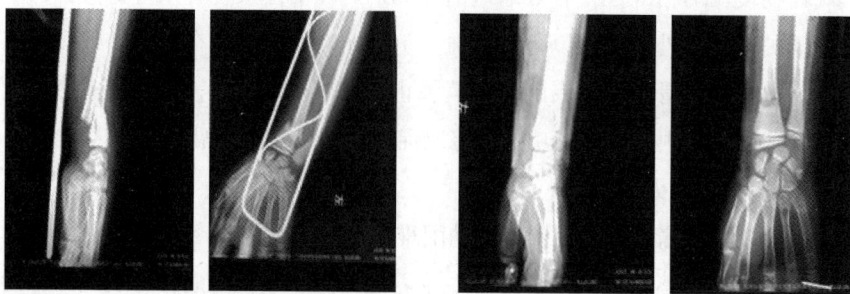

治疗前 　　　　　　　　　　　　治疗后
图 2　左尺桡骨下 1/3 段骨折治疗前后 X 线片对比

**按语**：尺桡骨双骨折是儿童的常见骨折，多数为尺桡骨下端骨折。其骨折移位大多向背侧移位，合并不同程度桡偏移位；重叠移位较普通前臂双骨折严重，骨折端多为横断骨折或短斜型骨折，严重病例可有尺侧由内向外开发性裂口，部分病例可伴发同侧肢体的肱骨髁上骨折。本案患者为尺桡骨下 1/3 段骨折，属新鲜骨折。何仁甫认为，若采用不恰当的整复手法治疗新鲜骨折，可强烈刺激患部，从而加重内出血，使肿胀和疼痛加剧，影响骨折愈合；而不用手法治疗，使患部保持损伤原状，同样会延长疗程。本案患者证属气滞血瘀，骨折后血液离经成瘀，气机受阻，气伤痛，形伤肿，故患肢肿胀、疼痛、畸形、功能障碍。何仁甫临床治疗此类疾患多从气论治，认为气为血之帅，气行则血行。骨折手法治疗后，血回故道、筋回槽，气机调达，肿胀立消。消肿止痛散是何氏骨科专科制剂，组方中当归以养血为主，川芎以行气为先，故二药配伍，气血兼顾，养血行气，活血散瘀，止痛能力亦增强。此为"重视有形之血，更重视无形之气"的最好诠释。

## （三）腕舟骨骨折

腕舟骨细长，对外部暴力的抵抗性较小，易发生骨折。当人体跌倒时，手的掌侧先着地，腕舟骨在大、小多角骨的推挤下过度背伸，桡背侧有桡骨茎突及背侧关节缘阻挡，掌侧有紧张的桡腕韧带阻挡，当负荷超出骨质强度时便可能发生骨折。腕舟骨很少发生粉碎性骨折，可能与腕中关节可缓解腕舟骨所承受的压力有关。在腕舟骨骨折中，腕舟骨结节部（远端）骨折较为少见，骨折线两端的血运丰富，骨折愈合快，很少发生坏死；腕舟骨腰部（中段）骨折最多见，占腕舟骨骨折的80%，骨折近端血运可受到部分破坏，因局部血液循环较差，剪力大，难以稳定，故骨折多出现迟缓愈合或不愈合；腕舟骨体部（近端）骨折的骨折线远端血液循环较好，但因近端的血液供应大部分丧失，故骨折愈合差，发生不连接或缺血性坏死可能性甚大。

腕舟骨骨折在临床上主要依据外伤史、临床表现及影像学检查确诊。本病以青壮年男性多见，大多有明确的外伤史。新鲜骨折可有腕关节桡侧的肿胀疼痛，鼻烟窝变浅，局部压痛。纵向挤压拇指可诱发骨折部位疼痛。X线片是诊断腕舟骨骨折的首选方法，可以较好地反映腕关节的间隙和关节面情况，有利于发现是否合并其余腕骨和尺桡骨远端骨折。何仁甫强调在观察X线片时应注意以下几个方面：细心观察舟骨结节的皮质有无断裂或是否出现薄层骨片；头状骨和舟骨关节间隙有无游离小骨片；舟骨一侧或两侧关节面上有无阶梯样改变（可判断有无移位）；舟骨的头部关节面上有无与关节面相垂直的裂隙；舟骨近端相对密度增高，关节面出现台阶状，舟骨中部出现囊样改变者，都是陈旧性骨折的临床征象；X线片早期无所发现，应于两周后再摄片对照，对诊断有重要意义。

　　腕舟骨骨折一般无移位，不需要手法整复，因此治疗的关键在于消除局部剪切应力、恢复腕舟骨解剖及重建腕舟骨血液循环，从而提高治愈率、缩短骨折愈合时间，减少缺血性坏死的发生。何仁甫采用何氏骨科联合夹缚外固定术治疗本病，使手部处于功能位置，从而限制不利于骨折愈合的剪切应力，又可使腕手部进行轻微活动，给骨折端提供适宜的生理刺激。何仁甫认为固定于腕关节背伸尺偏及拇指对掌位，可以减少桡侧伸腕肌的张力和骨折处的剪力，且该位置接近腕关节的功能位，亦适应舟骨骨折固定时间较长的特点，有利于腕关节功能的恢复。关于患腕固定于桡偏位还是尺偏位，何仁甫认为应依据骨折线走行的方向而定，如骨折线走行的方向是从桡侧近端斜向尺侧远端，应将腕关节制动于尺偏位；如骨折线从桡侧远端斜向尺侧近端，则应将腕关节制动于桡偏位，以消除剪切应力。《救伤秘旨》言："夫两手腕骨断，极难调理，用药不可过凉。夹后不可时常兜挂项下，要时常屈伸。"在功能锻炼方面，何仁甫强调早期做肩、肘关节的功能锻炼和手指伸屈活动，避免腕关节桡偏活动；中期做握拳活动，后期解除固定后则应加强腕关节的主动屈伸、旋转活动。骨折延迟愈合者则不宜做过多的腕部活动。

　　何仁甫采用三期、分证、分部位外敷中药治疗本病，认为局部用药可直达病所，效速而无伤阴败胃之弊。骨折早、中期病机为骨断筋伤、气滞血瘀，故在骨折处外敷续断接骨散以接骨续筋，在周围肿胀处外敷消肿止痛散以行气活血、消肿止痛。对于延迟愈合及不愈合者，何仁甫认为此为肝肾亏虚，气血不足，局部经脉不利，筋骨失养所致，局部多合并气滞血瘀、痰湿不化等病理改变，故外敷生骨散（当归、潞党参、杜仲、续断、三七、血竭、海马、脆蛇、象皮等）以健骨补骨、益精填髓。实践表明，此方法可以缩短骨折愈合时间，促进骨折愈合，减少腕舟骨缺血性坏死的发生。此外，何仁甫认为舟骨骨折块较小，伤气较轻，不宜用大剂量的破瘀导滞药物，而腕舟骨腰部骨折和近端骨折愈合缓慢，应延长接骨药的使用时间，或施以强效接骨药加祛风、散寒、化湿药物。

　　【病案】患者，男，28 岁，公司职员。

　　主诉：左腕关节伤痛伴功能障碍 1 天。

　　现病史：患者于 1 天前运动时不慎摔倒，左手掌着地，腕关节背伸，当即感左腕关节疼痛剧烈，腕关节活动受限，肿胀，自行用冰袋冷敷后前来就诊。刻下症：患者痛苦病容，神志清楚，生命体征平稳，左手腕桡侧肿胀明显，鼻烟窝处压痛（＋），左腕关节背伸桡偏时疼痛加重，患者腕关节桡倾握拳，纵轴叩击第1、2、3掌指关节时腕部疼痛剧烈，手指感觉及触觉正常，指端血液循环正常。舌淡，苔白，脉弦。

西医诊断：左腕舟骨骨折。

中医诊断：骨折，骨断筋伤，气滞血瘀。

治疗方案：①手法整复。患者取坐位，前臂略旋前，医者一手握住患者腕上部，另一手拇指置于患腕鼻烟窝处（在骨折远端桡、背侧）其余四指环握拇指，在牵引下使患腕尺偏，拇指向掌侧、尺侧按压移位的远端，骨折即可复位。②固定。运用何氏骨科联合夹缚外固定术，在局部外敷药物后，在患腕鼻烟窝处置于一压垫，然后用前臂超腕关节夹板固定，再在夹板外用塑形托板固定于腕关节，背伸30°，桡偏拇指对掌位。固定时间为6～8周。解除固定后，患者即可在医生指导下进行腕关节的功能锻炼。③药物治疗。骨折手法治疗后在腕舟骨骨折部外敷续断接骨散，周围外敷消肿止痛散，隔日换药。骨折后期若发生延迟愈合或不愈合时选用生骨散及止痛壮骨散外敷腕部。

患者经治疗8周后，X线片显示骨折线模糊，有中到大量骨痂生长，腕关节功能基本恢复正常，局部无压痛，无肿胀，能从事日常活动。门诊随访半年未见腕舟骨坏死，临床治疗痊愈。治疗前后X线片见图3。

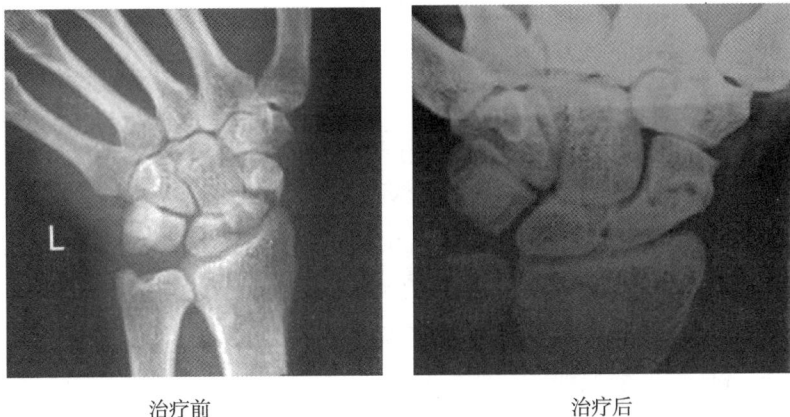

治疗前                                治疗后

图3　左腕舟骨骨折治疗前后X线片对比

### （四）肱骨外科颈骨折

肱骨外科颈骨折是常见的肱骨近端骨折，多因跌倒时手掌或肘部先着地，间接暴力传导所引起，各年龄段均可发生，50 岁以上人群及青少年多见。肱骨外科颈位于解剖颈下方 2 ～ 3cm，相当于大、小结节下缘与肱骨干的交接处，是肱骨头松质骨和肱骨干密质骨交接的部位，系生物力学上的应力弱点，很容易发生骨折。肱骨外科颈骨折主要分为外展型骨折、内收型骨折、肱骨外科颈骨折合并肩关节脱位等类型。本病主要根据受伤史、临床表现和 X 线检查作出明确诊断。患者伤后局部肿胀、功能障碍、疼痛，上臂内侧可见瘀斑，有压痛和纵轴叩击痛。非嵌插性骨折可出现骨擦音和异常活动。X 线检查通常拍摄 X 线正位、穿胸侧位（或外展侧位）、腋位片，粉碎性骨折或肩关节活动困难者可行 CT 三维重建，以确定骨折类型及移位情况。

何仁甫在整复肱骨外科颈骨折时，利用力学杠杆原理并结合骨折部位的解剖关系，利用关节的功能活动化解肌肉阻碍复位的拮抗力，调动人体自身恢复平衡的动力，从而顺利完成整复。此外，在肱骨外科颈骨折的治疗中，何仁甫还重视恢复肩关节功能。肱骨外科颈骨折是接近关节的骨折，周围肌肉比较发达，骨折后容易发生软组织粘连，或结节间沟不光滑，导致关节功能受限甚至障碍，中老年患者易并发肱二头肌长头肌腱炎、冈上肌肌腱炎或肩关节周围炎。临床上，何仁甫采用何氏骨科"挥手法"及联合夹缚固定术治疗肱骨外科颈骨折，不仅对肩关节损伤较小，还能有效降低并发症发生率，患者易于接受。同时，何仁甫强调应尽早进行肩关节功能恢复训练，有助于肩关节功能的恢复。

【病案】患者，女，83 岁，退休。

主诉：左肩部伤痛伴活动困难 2 小时。

现病史：患者 2 小时前在家行走时不慎滑倒，左肩着地，即感左肩部疼痛伴活动困难，休息后无缓解，X 线检查显示左肱骨外科颈骨折，遂入院接受治疗。

刻下症：患者左肩部肿胀，上臂内侧皮下瘀青，左肩部环形压痛（＋），纵向叩击痛（＋），可扪及骨擦感，左肩关节功能障碍，肢端血供尚可，感觉及运动均正常。舌淡、苔白腻，脉弦细。

既往史：否认既往特殊病史，否认药物过敏史。

西医诊断：左肱骨外科颈骨折（外展型）。

中医诊断：骨折，骨断筋伤、气滞血瘀证。

治疗方案：①手法整复。使用何氏骨科"挥手法"整复。患者取仰卧位。助手甲固定患者患肢肩部，助手乙握住患者患肢肘部及腕部，患肢外展45°，顺势牵引。医者一手置于患肩外侧，固定肱骨头，另一手置于远折端近端内侧，由内向外推挤，同时助手乙在持续对向牵引下将患肢上臂内收至肘部达患者胸前，以纠正向内移位及成角。然后医者更换手指位置，以纠正向前移位及成角，同时助手乙在持续对向牵引下将患肢前屈、内收、上举过头至肘窝对准患者鼻尖部位。最后医者握住断端，助手乙在持续对向牵引下将患肢放下至体侧。医者在患肢肘部沿纵轴向上作叩击，使两折端紧密接触。②夹缚固定。骨折治疗后，局部外敷消肿止痛散、续断接骨散，绷带包扎，方向由内向外、由下至上并跨对侧肩关节，充分利用绷带的牵拉力让断端紧密接触。内侧夹板的近端用棉垫包裹成大头垫，压垫置于近端外侧，与内侧大头垫形成两点挤压维持复位成果。前后外侧夹板均应超过肩关节。贴胸位固定上臂，三角巾悬吊患肢前臂。③药物治疗。初期口服肿痛宁胶囊，每次3粒，每日3次，外敷消肿止痛散、续断接骨散。中期口服接骨续筋胶囊，每次3粒，每日3次，外敷续断接骨散、止痛壮骨散。后期口服止痛壮骨胶囊，每次3粒，每日3次，外敷松痉解凝散，外用熏洗松白活节汤，并结合关节粘连传统松解术，促进肩关节功能恢复。④功能锻炼。早期复位固定后，做"抓空增力""上翘下钩"等练习，中期仍可重复上述动作，但应逐渐增大运动量，后期去除外固定后，进行"左右开弓""双手托天""弯肱拔刀"练习。

本案患者接受手法治疗后复位效果较好，治疗4周后去除外固定，治疗6周后肩关节功能恢复良好，临床治愈出院。治疗前后X线片见图4。

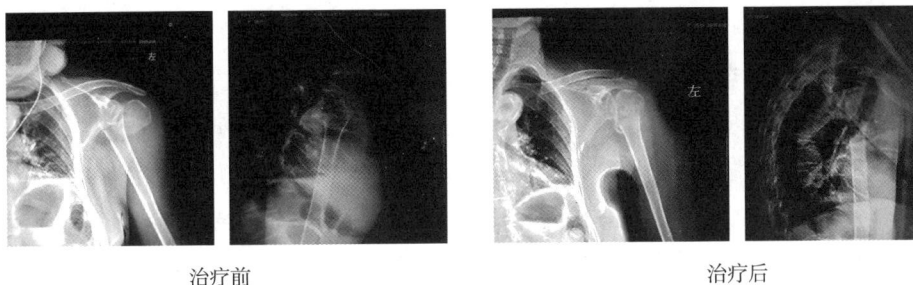

治疗前 治疗后

图4 左肱骨外科颈骨折治疗前后X线片对比

### （五）锁骨骨折

锁骨骨折，因患侧手掌、肘部或肩外侧着地，暴力通过肩锁关节传达到锁骨，人体向下的重力与该间接暴力形成的剪切力作用于锁骨，导致骨折在承受应力最薄弱的地方发生。临床上，幼儿锁骨骨折多为青枝骨折，成年人锁骨骨折多为短斜行或横行骨折，偶有粉碎性骨折。除骨折有重叠外，近端还因胸锁乳突肌的牵拉而向后上移位，远端因胸大肌、胸小肌等牵拉及肢体重力作用而向前、下、内方移位。因锁骨形状呈横 S 形，位置表浅，骨折后局部肿胀、疼痛、压痛均较明显，肩关节活动受限，较易摸到移位的骨折端。

传统正骨手法治疗锁骨骨折可取得满意疗效，且预后较好。《普济方·折伤门》言："缺盆骨损折法，令病者正坐，提起患人胳膊，用手揣捏骨平正，用乳香消毒散数贴，以软绢掩如拳大，兜于腋下，上用一薄板子，长寸，阔过半，软纸包裹按定，止用鹰爪长带子拴缚定，七日换药，内服乌金散定痛。疼肿破消后，次伸舒起指，以后骨可如旧。"《金疮秘传禁方》言："凡肩胫之间其骨谓之天井骨，此骨若折必一头高跷不相平，服以膏贴之用纸数层铺衬，施以薄薄杉板压或用粉匝板以长布带穿缚在腋下紧紧系栓，仍服接骨丹，愈后任意挑负无害。"在整复锁骨骨折方面，何仁甫秉承"动静结合、筋骨并重、内外兼治、医患合作"原则，常选用何氏骨科"膝顶复位法"进行整复，手法治疗后采用何氏骨科压条加小压垫、胶布及后背双肩"8"字绷带、三角巾联合夹缚固定术治疗，在此基础上联合局部辨证中药外敷、内服，并配合功能训练以防关节粘连，从而有效减轻患者痛苦，缩短治疗时间。

【病案】患者，男，20 岁。

主诉：左肩部肿痛、活动受限 1 天。

现病史：患者于 1 天前因车祸致伤，左肩部着地，局部肿痛、隆起畸形，左肩关节活动功能受限。患者伤后无昏迷，无头晕头痛，无胸闷心悸，无呼吸困难，无腹胀腹痛，无恶心呕吐，无四肢厥冷、出冷汗。X 线检查结果显示，患者左锁骨粉碎性骨折，骨折断端重叠移位，对位较差。门诊以"左锁骨粉碎性骨折"收入院。刻下症：患者神志清楚，精神尚好，表情自然，面色尚华，发育正常，形体中等，步行入院，查体合作，对答切题，言语清晰，呼吸平稳，气息均匀，左肩锁部肿胀，皮下瘀青，左锁骨压痛（＋），叩击痛（＋），可触及明显异常活动及骨擦音，左肩关节活动度明显受限，右上肢及双下肢关节活动正常，肌力及肌张力正常，末梢血液循环及皮肤感觉良好。舌淡，苔白，脉涩。

西医诊断：左锁骨粉碎性骨折。

中医诊断：骨折，骨断筋伤、气滞血瘀证。

治疗方案：①手法整复。使用"膝顶复位法"进行整复。患者取坐位，坐于凳上，抬头挺胸，双臂外展，双手叉腰。助手立于患者背侧，一足踩于凳缘上（屈髋屈膝），膝部置于患者两肩胛间区约第 3～5 胸椎之间，双手分别握其双肩，徐徐向后、外、上方搬拉，持续用力，力量由小到大，同时膝部用力向前顶。医者面向患者，双手拇食指捏住患者骨折远、近端，近端向前、下按，远端向后、上提，以远端凑合近端，用提按法矫正骨折的前后、上下移位。治疗后，医者可用一手拇、食指顺锁骨走行方向触摸，检查是否完全复位，若仍有移位，可再行提按，直至完全复位。②固定。运用何氏骨科联合夹缚外固定术，即压条加小压垫与后双肩"8"字绷带固定法进行固定。压垫、压条为君，粘胶布为臣，绷带、三角巾为佐使。取压条两根，剪一细条硬纸壳作中轴，外裹药棉并搓紧呈卷烟状，长短适宜，分别压于锁骨上窝和下侧，用四条胶布呈"井"字形粘贴固定，然后用绷带做后背"8"字包扎。绷带包扎方向为先从患肩前方开始，绕肩至腋下、腋前，缠绕一圈后从后背至健侧腋下，绕过健肩前上方再经后背至患侧腋下。如此顺序包扎数圈，再用弧形压垫置于骨折部并压住两压条即成合骨垫，用胶布粘贴固定，继续用绷带以同样顺序作后背双肩"8"字包扎，最后用三角巾将患侧前臂悬吊胸前，固定完毕。③药物治疗。伤后第 1～2 周，患部外敷消肿止痛散，隔日一换。第 2 周以后，患部外敷续断接骨散，隔日一换。④功能锻炼。手法治疗后左上肢禁止活动（仅能做握拳活动），防止再移位。治疗后可逐渐增加腕部、指间关节屈伸功能锻炼，以促进气血运行，减轻肿胀。中期可适当活动肘关节，并配以按摩，以轻柔、缓和的手法为主。后期解除固定后，可进行负重练习，增加肩关节的各种活动。针对并发关节粘连者，酌情加重按摩手法，并鼓励患者主动进行功能锻炼，做手部关节主动运动，手指屈伸，并逐渐增加运动幅度及用力程度。

治疗 6 周后，本案患者骨折处已无明显压痛，X 线片检查骨折对位对线良好，骨折处已有中量以上骨痂生长，功能恢复良好。拆除外固定，予以功能恢复治疗，临床治愈出院。治疗前后 X 线片见图 5。

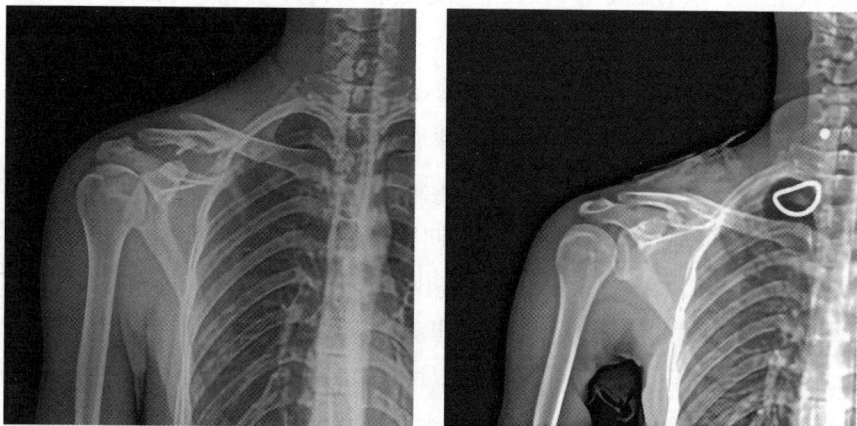

治疗前　　　　　　　　　治疗后

图 5　左锁骨粉碎性骨折治疗前后 X 线片对比

**按语：**本案中，医者采用何氏骨科"膝顶复位法"，挺胸肩外展复位，并使用联合夹缚外固定法固定。何仁甫认为，固定与药物治疗具有同一性，外固定单元亦可遵循君、臣、佐、使配伍原则。在锁骨骨折的固定中，压条及小压垫为君，不仅能控制断端再移位，还能使断端更加紧密接触；胶布为臣，既能稳定压垫的位置，又增加了压垫局部压力，起辅助压垫的作用；双肩后背"8"字绷带为佐，不仅增加压垫的压应力，而且有利于患者挺胸及肩外旋；三角巾为使，防止患肩活动，起次要作用。复位固定后，患者早期可做手指、腕、肘等关节的功能锻炼，中期加做肩后伸的扩胸活动，拆除固定后，可逐渐做肩关节的各种活动。

## （六）肱骨髁上骨折

肱骨髁上骨折又称肱骨下端骨折，指肱骨远端内外髁上方的骨折，以儿童（5～8 岁）最为常见。临床治疗时，旋转及尺偏移位必须得到纠正，以恢复良好对位，避免出现肘内翻畸形，影响日后肘关节外观及功能。《医宗金鉴·正骨心法要旨》言："肘骨者，胳膊中节上、下支骨交接处也，俗名鹅鼻骨。若跌伤，其肘尖向上突出，疼痛不止。用手法翻其臂骨，拖肘骨令其合缝。其斜弯之筋，以手推摩，令其平复。"

何仁甫整复肱骨髁上骨折常采用牵引、抵推、扣拉等方法。由于骨折部位肿胀明显，何仁甫在复位时讲究"手摸心会，手随心转，法从手出"，根据 X 线片检查结果及复位时手感，尽可能达到解剖复位。在固定方面，何仁甫采用联合夹缚固定术，将压垫、胶布、绷带和钢丝托板等外固定单元有主次地组成联合外固定装置，以联合外固定所产生的外合力和以肌肉收缩为主的内应力构成以损伤部位为中心的三维坐标外固定力系，从而有效控制骨折治疗后再移位，使断端紧密相连。此外。何仁甫将外固定与外敷药物结合起来，灵活运用中药外敷，以促进骨折尽快愈合。

【病案】患者，男，5 岁，学生。

主诉：左肘部伤痛伴活动受限 1 小时。

现病史：患者玩耍时不慎跌倒致伤，即感左上肢不能活动，疼痛剧烈，肘部肿胀明显，经检查诊断为左肱骨髁上骨折。刻下症：患者神色紧张，左肩臂下垂，右手扶于左前臂，左肘功能活动障碍，肘部软组织肿胀明显，轻压触摸时有异常活动并伴有剧烈疼痛，可闻及骨擦音，可扪及骨擦感。舌淡红，苔黄，脉数。

西医诊断：左肱骨髁上骨折（伸直型）。

中医诊断：骨折，骨断筋伤、气滞血瘀证。

治疗方案：①手法整复。患者取坐位。助手固定患者上臂，医者右手握住患者手腕，肘部半屈位。医者先用左手拇指顶住骨折远端，其余四指拉住近端对挤，纠正骨折侧方移位；然后再用力拔伸牵引患肢，同时以虎口抵推骨折近端，四指扣拉骨折远端，拇指用力并使患肢肘关节极度屈曲，即可完成复位。手法要求医者双手协同配合，达到牵引下瞬间复位。②固定。采用何氏骨科联合夹缚固定术。在维持牵引情况下，在患者肱骨内髁处置一弧形压垫，用三条胶布粘贴固定，再用绷带由内向外包扎数圈，用四块夹板固定。夹板要求前后两块的下端呈向上的弯月弧形，且外面分别有一凸起的小栓，以便扎带捆扎，前侧夹板置于肘窝，后侧夹板下端置于尺骨鹰嘴且上方放一棉垫（棉垫的厚度根据远端后移程度及治疗后残余移位情况决定），内侧夹板超肱骨内髁 1～2cm，外侧夹板下端至肱骨外髁，四块夹板的上端应不影响肩关节活动，用绷带及钢丝托板将肘固定于屈肘 90°位。后期根据患肢肿胀程度调整压垫和压条位置，调整绷带松紧度，调整钢丝托板弧度。③功能锻炼。患者以自主活动为主，切忌用被动、粗暴的方法活动，并密切观察肢体血运情况及有无神经损伤。复位成功后即进行"抓空增力""五指起落"练习，治疗 1 周后进行腕关节"上翘下钩"练习，治疗 3～4 周时进行"云手"练习，外固定去除后行"屈肘挎篮""双手托天"练习。

治疗 1 周后，患者左肘部疼痛、肿胀明显减轻。治疗 4 周后，患者左肘部疼痛不明显，患处肿胀、压痛及叩击痛不明显，拆除外固定，在临床医师指导下行肘部功能锻炼。治疗前后 X 线片见图 6。

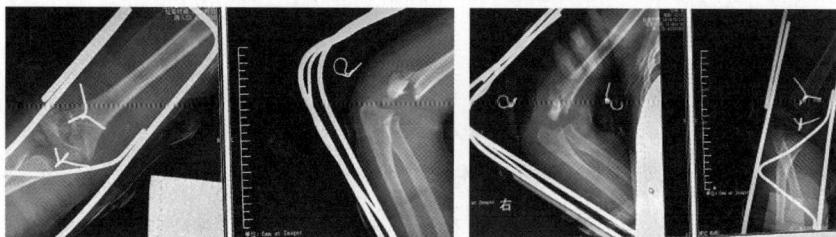

治疗前　　　　　　　　　　　　　　　治疗后
图 6　左肱骨髁上骨折治疗前后 X 线片对比

## （七）锁骨远端骨折伴肩锁关节脱位

锁骨位于第一肋骨前方，位置表浅，两侧对称横架于肩峰与胸骨之间，是肩胛骨、上肢骨与躯干骨唯一的骨性联系。锁骨一旦发生骨折，上肢运动功能即可受限。锁骨远端骨折约占锁骨骨折的 15%，其骨折极不稳定，且不愈合率较高。何仁甫经长期临床实践发现，患侧上肢所受重力，胸大肌、胸小肌和背阔肌的牵拉作用，肩胛骨的旋转，以及斜方肌对骨折内侧端向后上方的牵拉是导致锁骨远端骨折稳定性差的主要因素；骨折端的分离移位，即骨折近端向上、远端向下的分离移位，是导致骨折不愈合的直接原因。锁骨骨折可以合并其他部位骨折，如肩胛骨骨折、肋骨骨折等；锁骨骨折也可以合并脱位，如胸锁关节脱位、肩锁关节脱位及肩胛胸壁关节脱位等；锁骨骨折还可以合并血管、神经损伤，其中血管损伤包括腋动脉，锁骨下动、静脉，颈内静脉损伤等，神经损伤则以臂丛神经损伤为主。临床查体和阅片时，医者应注意观察患者是否合并其他创伤，避免误诊误治。

何仁甫临床处理锁骨远端骨折，首先通过手法整复使骨折端尽量靠拢接触；其次根据影响骨折稳定的不利因素，在固定时进行针对性处理，以达到预防再移位和逐步纠正残余移位的目的。骨折治疗后，使患者卧位休息并在其肩胛间区垫小枕头，可以减少上肢重力对骨折远端的影响；骨折端的双层平垫和肩肘带固定不仅能预防骨折再移位，还可以为骨折端提供持续对向挤压力量，纠正骨折的残余移位。

【病案】患者，男，39岁，工人。

主诉：左肩部伤痛伴活动困难2小时。

现病史：患者在家洗澡时不慎摔倒致左肩受伤，局部疼痛、肿胀，无昏迷、恶心呕吐、胸痛胸闷等不适。门诊摄片后以左锁骨骨折伴肩锁关节脱位将患者收入住院。刻下症：患者精神可，生命体征平稳，心、肺、腹部未见明显异常，左肩肿胀明显，皮下瘀血，皮肤青紫、有瘀斑，左肩锁骨远端高突畸形，压痛（+），叩击痛（+），左肩锁部位可扪及明显骨擦感及骨擦音，左肩功能障碍，肢端血液循环、感觉及活动均正常，左胸广泛性压痛，左胸廓挤压试验（+），气管居中，双肺呼吸音清，无啰音，左肺呼吸动度及呼吸音较健侧弱，患肢生理反射存在，病理反射未引出，饮食、二便正常。面色白，舌淡，脉弦紧。

既往史：既往有高血压病、糖尿病、高脂血症病史。

西医诊断：左锁骨骨折；左肩锁关节脱位；高血压病；糖尿病；多发性肋骨骨折；左侧血气胸。

中医诊断：骨折，骨断筋伤、气滞血瘀证。

治疗方案：①手法整复。患者取坐位。远端助手扶持患者左肘及左前臂；近端助手立于患者后方，扶住患者患侧颈肩部，同时向下按压住锁骨骨折近端。医者坐于患者左侧，双手分别从前后抱持其患肢上臂近端，双手拇指置于肱骨大结节近肩峰处，双手其余四指置于腋下，双手同时用力向外侧牵引，待骨折端拉开后向上托提肱骨上端。远端助手同时向上推顶肘部，近端助手同时配合向下按压锁骨骨折近端。触摸锁骨骨折端至骨擦音、骨擦感减弱或消失，肩部高突畸形消失，即表明骨折复位。②固定。经手法治疗后，先在患者锁骨骨折端放置一平垫，"8"字胶布肩肘粘贴固定，外敷药物后再用弹力绷带以"肩肘带"方式固定患处，绷带缠绕两周后在骨折端上方放置一稍大平垫，再继续以肩肘带固定，固定完毕后用三角巾悬吊患肢于功能位，嘱患者平卧，并在肩胛间区垫小枕头。每次换药时，酌情调整固定松紧度。固定后，患者立即进行患肢肌肉的静力收缩，促进肿胀消退，维持肌力，避免患肢肌肉萎缩。密切观察患肢肢端血供、皮肤感觉及各指活动度，避免固定过紧或过松。早期换药不宜过于频繁，视具体情况而定，每周1～2次即可，以免导致移位。换药时须有助手扶持患肢，方法同整复体位，同时应注意检查局部有无压疮，胶布是否引起皮肤过敏，必要时对症处理。③药物治疗。伤后第1～2周，患部外敷消肿止痛散，隔日一换。第2周以后，患部外敷续断接骨散，隔日一换。

治疗29天后，患者精神尚可，生命体征平稳，左肩、左胸疼痛缓解，外观无畸形，压痛、叩击痛不明显，患肢无神经及血液循坏异常。复查X线片显示：左锁骨远端骨折，对位对线好，有少至中量骨痂生长；左胸第2～7肋骨骨折，断端对位对线较好，有少许骨痂生长。患者好转出院。治疗前后X线片见图7。

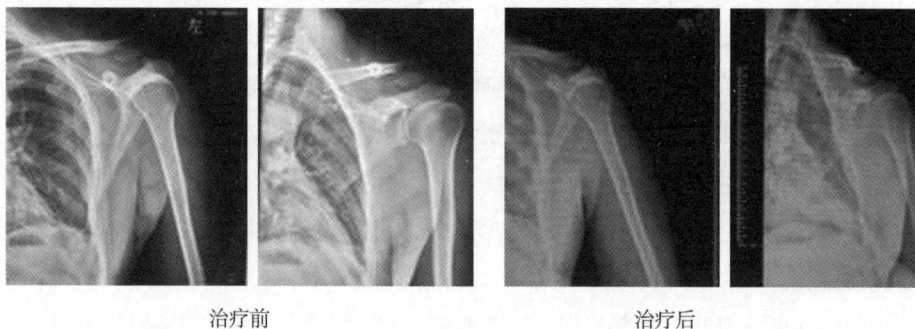

治疗前　　　　　　　　　　　　治疗后

图7　左锁骨远端骨折伴左肩锁关节脱位治疗前后X线片对比

## （八）肘关节脱位

肘关节是人体上肢活动的枢纽，由肱尺关节、肱桡关节及尺桡上关节构成，肘关节脱位就是指上述三个关节的分离移位。肘关节脱位是肘部常见损伤，可发生于任何年龄组，多见于青壮年，多数为肘关节后脱位或后外侧脱位。肘关节脱位多由间接暴力或杠杆作用引起。如人体跌倒时，手掌着地，肘关节完全伸展，前臂呈旋后位，肘关节在人体重力和地面反作用力作用下发生过伸，尺骨鹰嘴顶端猛烈冲击肱骨下端的鹰嘴窝，即形成力的支点。若外力继续加强，可引起附着于尺骨冠状突的肱前肌和肘关节囊的前侧部分撕裂，造成尺骨鹰嘴向后移位，而肱骨下端向前移位的肘关节后脱位。构成肘关节的肱骨下端内外髁部宽而厚，前后扁薄，侧方有副韧带加强其稳定，但如发生侧后方脱位，则很容易发生肱骨内、外髁撕脱骨折。

何仁甫传人整复肘关节脱位常用何氏骨科"瞬间复位法"，利用四指扣住尺骨鹰嘴作为杠杆的支点，顺势牵引屈肘，加上关节囊弹力回缩，达到复位的目的。操作过程中，医者的双手、双肩，乃至腰、腿、足都要协同配合，使动作精练快捷，一气呵成，瞬间取效。正如胡廷光所言："法使骤然人不觉，患如知也骨已拢。"相对于传统复位法，"瞬间复位法"具有以下两个优点：一是操作简便，医者一人即可操作，避免多人操作配合不当，还减少了患者等待的时间。二是减轻患者痛苦。应用传统复位法整复肘关节脱位时，可能由于牵引力不够而造成尺骨冠突卡在肱骨远端下。此时若强行屈肘，患者常因疼痛剧烈而不能耐受，同时加重关节囊损伤，甚至发生尺骨冠突骨折或肱骨内外髁的撕脱性骨折，对后期的功能锻炼造成困难。

【病案】陈某，女，30岁，教师。

主诉：左肘伤痛伴活动困难1小时。

现病史：患者在街上走路时不慎摔倒，随即出现左肘疼痛，畸形，活动困难。门诊检查摄片后以左肘关节脱位收入住院治疗。刻下症：患者生命体征平稳，左肘肿胀明显，畸形，压痛明显，肌张力高，肘关节盂空虚，肘后三角关系异常，关节活动困难，指端血液循环、感觉及活动度尚可。舌淡红，脉浮紧。

西医诊断：左肘关节脱位（肘后脱位）。

中医诊断：骨错缝，气滞血瘀、骨错筋伤证。

治疗方案：①手法整复。运用何氏骨科瞬间复位法进行整复。患者取坐位，患肘半屈曲（即脱位的自然位）。医者面对患者，一手握其腕部令前臂旋后；另一手握其肘部，拇指置于肘前抵住肱骨下端，其余四指置于肘后扣住尺骨鹰嘴部，在牵引下，拇指用力向后上推，其余四指用力将尺骨鹰嘴部向前、向下牵拉，双手协调用力屈肘，即可复位。②固定及药物治疗。将肘关节固定于屈曲90°位，三角巾悬吊于胸前，外敷消肿止痛散，口服肿痛宁胶囊，两周后外敷松痉解凝散。③功能锻炼。复位成功后即进行"抓空增力""上翘下钩"练习，1周后进行"云手"练习，2周后进行"青龙摆尾"练习，3周后进行"屈肘挎篮""双手托天"练习。

治疗4周后，患者功能恢复良好，临床治愈出院。治疗前后X线片见图8。

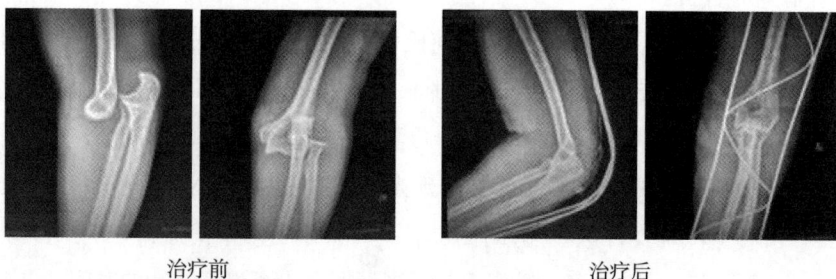

治疗前　　　　　　　　　　　　　　　　治疗后

图8　左肘关节脱位治疗前后X线片对比

## （九）肩关节后脱位

肩关节脱位是临床上常见的上肢骨关节损伤，是骨科临床常见病、多发病。肩关节为球窝关节，运动范围广，能使上臂在不同轴线上做各种不同的动作，同时具有灵活和不稳定的特点，故肩关节脱位的发生率较高。肩关节后脱位比较少见，临床容易漏诊、误诊，是肱骨头脱位后位于肩胛盂后方，可以由直接暴力或间接暴力造成。直接暴力如外力从前到后打击肱骨头，肱骨头过度内旋时可冲击关节囊后壁、盂唇软骨或盂缘而滑入肩胛冈下；间接暴力如因手掌撑地，上臂前屈内收，极度内旋，其应力沿肱骨轴向传导，可使肱骨头向后脱位。肩关节后脱位患者伤侧肩部扁平而肩后饱满、膨隆，喙突较为突出，伤肢处于中立位或固定于内收内旋位，不能做外展、旋转动作。若患者有外伤史，局部体征不典型，X线检查报告大致正常，但关节症状明显，临床医生应考虑肩关节后脱位的可能，并加强局部体格检查或进一步影像学检查，从而避免出现漏诊。此外，肩关节后脱位存在自动复位的可能。如医者在查体时突然听到肱骨头入臼声，患者局部症状立即减轻，关节活动基本恢复，即可诊断为肩关节后脱位。

历代医家对肩关节脱位的致伤原因、分类、症状、复位标志、固定、预防再发等方面进行了论述，并提出了多种复位方法。蔺道人在《仙授理伤续断秘方·医治整理补接次第口诀》中提出："凡肩甲骨出，相度如何整。用椅当圈住胁，仍以软衣被盛裹，使一人捉定，两人拔伸，却坠下手腕，又着曲着手腕绢片缚之。"钱秀昌在《伤科补要·髃骨骱失》提出："其骱若脱，手不能举。使患人低坐，一人抱住其身，将手拔直，用推拿法，酌其重轻，待其筋舒，一手捏其肩，抵住骱头，齐力拔出，骱内有响声者，乃复其位矣。"何仁甫根据何氏骨科"骨伤手法治疗为先，骨病药物治疗为主"的诊疗原则，运用何氏骨科"挥手法"对肩关节后脱位进行整复，并联合分期、分部位中药外敷及功能锻炼，临床疗效确切。

【病案】患者，男，29 岁。

主诉：左肩部伤痛伴活动困难 1 小时。

现病史：患者在骑自行车时不慎摔伤，出现左肩部疼痛，活动困难，后由家人送至医院。刻下症：患者生命体征平稳，心、肺、腹部未查及明显异常，右手扶左前臂于屈曲位，左肩部疼痛、肿胀，与健侧比较，前侧略显空虚感，压痛（+），叩击痛（+），左肩关节活动明显受限，抬举、外展肩关节时疼痛加剧，左肘关节、腕关节活动可，患肢肢端少许麻木感，肢端血液循环正常。舌淡红，脉弦紧。X 线片左肩关节未见明显骨质异常，肱骨头略上移，肩关节斜位见肱骨头与肩胛盂有重叠影像。

西医诊断：左肩关节脱位（后脱位）。

中医诊断：骨错缝，气滞血瘀证。

治疗方案：①手法整复。运用何氏骨科"挥手法"复位。患者取坐位。医者位于患者患侧的侧后方，右手固定脱位的肱骨头，左手握患肢前臂下段，顺势牵引并外旋内收患肢，内收至左下腹，过胸前并上举，同时右手拇指推挤肱骨头。当患肢完成这一动作时，复位已完成，再使用三角巾悬吊患肢于功能位。②药物治疗。早期使用消肿止痛散外敷患肩以活血化瘀、消肿止痛，中期使用续断接骨散外敷患肩前侧、消肿止痛散外敷患肩后外侧以接骨生新、行气活血，后期外敷松痉解凝散、肩舒散。③功能锻炼。初期即行"抓空增力""上翘下钩"练习，1 周后行"屈肘挎篮"练习，2～3 周行"云手""双手托天""单臂摘果"等练习。

治疗 3 周后，患者功能恢复良好，临床治愈。治疗前后 X 线片见图 9。

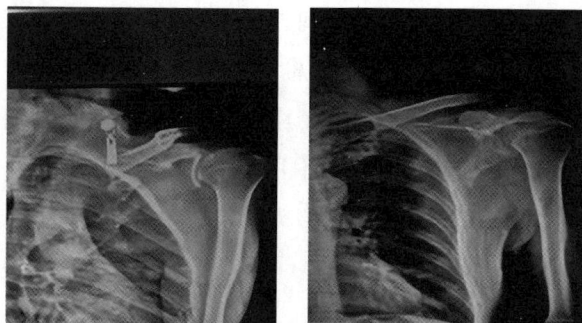

治疗前　　　　　　　　　　　治疗后

图 9　左肩关节脱位治疗前后 X 线片对比

## （十）三踝骨折伴胫距关节半脱位

踝关节由胫腓骨下端和距骨上关节面构成，是人体站立时负重最大的关节。内、外、后三踝构成踝穴，距骨居其中，形成滑车关节。内踝的三角韧带较外踝的距腓、跟腓韧带坚强，阻止外翻的力量大于阻止内翻的力量，故踝关节较易发生内翻损伤。在日常生活中，人主要依靠踝关节的背伸、跖屈完成走路、跳跃等活动。因此，在治疗踝关节损伤时，无论是骨折、脱位还是韧带损伤，都必须考虑到踝关节的背伸、跖屈功能。

何仁甫传人在治疗三踝骨折方面，以何氏骨科"瞬间复位法"联合夹缚外固定术进行整复、固定。使用夹板固定时，将患踝固定于与暴力作用相反的位置，如内翻型骨折固定于轻度外翻背伸位，外翻型骨折及外旋型骨折固定于轻度内翻背伸位，绷带缠绕方向应与上述要求保持一致。正如《世医得效方·正骨兼金镞科》所言："或骨突出在内，用手正从此骨头拽归外；或骨突向外，须用力拽归内，则归窠。若只拽不用手法整入窠内，误人成疾。"在手法整复、固定基础上，何仁甫采用骨伤分期、分部位中药外敷法治疗三踝骨折，使辨证更精细，用药更准确，药、证对应更加鲜明，大幅提高临床疗效。此外，何仁甫提出临床应注意治疗三踝骨折并发症。因踝关节是人体站立时全身负重最大的关节，踝部骨折又属于关节内骨折，易形成创伤性关节炎和关节粘连、关节失稳等并发症，临床上可以采用十指推拿术、中药外敷及中药熏洗等方式治疗。

【病案】患者，女，48 岁。

主诉：摔伤致左踝肿痛，活动受限 2 小时。

现病史：患者在家下楼梯时不慎摔倒，即出现左踝部肿胀、疼痛、畸形、活动受限，由家人送至医院。刻下症：患者生命体征平稳，心、肺、腹部未见明显异常，左踝关节肿胀、畸形，压痛（+），活动困难，患肢血液循环较健侧差。舌淡红，苔黄，脉弦数。

西医诊断：左三踝骨折；左胫距关节半脱位。

中医诊断：骨折，骨断筋伤、气滞血瘀证。

治疗方案：①手法整复。患者平卧于床上，医者与患者对坐，右手握其患足跖部，左手握患足跟部，其中大拇指放在内踝，拇指末节中部齐骨折近端下缘；食指和中指末节放在外踝，食指末节中部齐骨折远端上缘；无名指和小指与大鱼际在跟骨两侧对称用力，紧贴跟骨两侧面。整复过程中，医者运用牵拉、跖屈、内翻挤压、背伸等复合手法，在整复胫距关节脱位的同时整复骨折。一旦复位，立即将患足踝恢复到中立背伸位，整复结束。②固定。使用何氏骨科联合夹缚外固定术。根据患者年龄，体格，因形制具。先用两块弧形压垫置于患者内踝、后踝，外踝压垫根据折块大小、移位程度可用弧形压垫或蝌蚪状压条，用胶布粘贴固定；再使用超踝夹板、中号托板、扎带固定，绷带包扎固定，将患肢固定于中立位。③药物治疗。在患者左踝部外敷消肿止痛散、续断接骨散。④功能锻炼。早期做足趾关节的活动及股四头肌的主动舒缩运动，帮助气血运行，3 周后逐渐做轻度的踝关节屈伸运动，以不使患部疼痛的自主运动为主，4～6 周拆除夹板后，行"搓滚舒筋""四面摆踢"练习。每次更换外敷中药时，医者采用推拿按摩手法帮助患者关节活动，尽量缩短其功能恢复时间。治疗前后 X 线片见图 10。

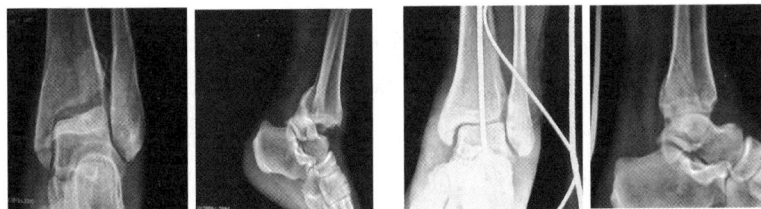

治疗前　　　　　　　　　　　　　治疗后

图 10　左三踝骨折伴胫距关节半脱位治疗前后 X 线片对比

**按语：** 本案属于三踝骨折伴胫距关节半脱位，由间接暴力引起，为内、外踝附着的韧带撕裂，胫腓骨远端及距骨从内撞击踝部所致。患者骨折后关节肿胀、畸形、疼痛、功能障碍，舌淡红，脉弦数，辨证为气滞血瘀，因伤后血离经脉，气滞血瘀，经络受阻，故肿痛明显。何仁甫治疗此类疾患多从气论治。《素问·阴阳应象大论》云："气伤痛，形伤肿。"气为血之帅，气行则血行。骨折、脱位经手法治疗后，血回故道、筋回槽，故气机条达，肿痛减轻。手法治疗后，医者在患肢部位外敷何氏骨科专方消肿止痛散以促进肿胀消退，并发挥行气止痛的功效，从而减轻患者痛苦。这也是"从气论治"理论的临床应用。

## （十一）髌骨骨折

髌骨骨折是较常见的损伤，以髌骨局部肿胀、疼痛、膝关节不能自主伸直等主要表现。上下分离是髌骨骨折最常见的移位，其中骨折远端有较短的髌韧带附着，伸展性不大；骨折近端有股四头肌附着，伸展性较大，故移位较为明显。因此何仁甫提出，手法整复髌骨骨折应尽量将骨折近端向下推挤，使之与骨折远端对合，切忌盲目用力推挤骨片或反复使折端相互摩擦而致骨折断端磨平，使对位不稳，影响固定和骨折愈合。

髌骨骨折治疗后的固定比较困难。何仁甫采用何氏骨科联合夹缚固定术，即将钢丝托板、压垫、粘膏和绷带等外固定单元分为君、臣、佐、使，并组成联合外固定装置，联合外固定所产生的外合力和以肌肉收缩为主的内应力产生协同作用，构成以损伤部位为中心的三维坐标外固定力系。这种外固定法能有效控制骨折治疗后再移位，使断端紧密相连，利于骨折愈合。

【病案】患者，女，29岁，职员。

主诉：左膝部伤痛伴活动受限2天。

现病史：患者于2天前因下雨路滑不慎摔倒致左膝受伤，随即出现左膝肿胀、疼痛，不能站立行走，在附近医院行X线检查，结果提示髌骨骨折。患者因个人原因不愿意接受手术治疗，遂前来中医骨伤科就诊。刻下症：患者生命体征平稳，神清，合作，痛苦貌，强迫体位，患处肿胀，压痛明显，可扪及骨擦感，浮髌试验（＋），患膝功能障碍，肢端血液循环正常。舌淡红，苔白，脉弦紧。X线片提示左膝髌骨骨折，断端上下分离移位。

西医诊断：左髌骨骨折。

中医诊断：骨折，骨断筋伤、气滞血瘀证。

治疗方案：①手法整复。患者仰卧，患膝关节取微屈位。医者立于患者患侧，用聚合扣挤法整复骨折，即医者双手食、中指扣住骨折远端并向上挤靠，无名指及小指辅助用力，双手拇指扣住骨折近端并向下推挤，食指置于髌前面控制断面平整，使断端聚合，骨折复位。②固定。采用何氏骨科联合夹缚固定术。手法治疗后，用纸壳剪成两块半月形的弧形压垫，内衬棉垫，置于髌骨上下，框住髌骨。使用两条粘膏固定弧形压垫，以粘膏的中部先粘贴住两压垫，上侧粘膏的两头斜向下，经股内外髁粘贴固定上侧压垫，给上侧压垫向下的牵引力；下侧粘膏交叉粘贴固定下侧压垫，给下侧压垫向上的牵引力，以促进折骨固定，折面嵌紧。然后外敷中药，绷带交叉包扎，着力点于压垫，再用一钢丝托板固定，绷带包扎保持患肢中立膝关节近伸直位。③药物治疗。治疗初期，骨折处外敷续断接骨散以接骨续筋，周围外敷消肿止痛散以行气活血、消肿止痛，隔日一换；肿胀消退后，骨折处外敷续断接骨散，周围外敷止痛壮骨散以温经通络，强筋壮骨；后期外敷松痉解凝散以松解粘连、解除痉挛。

治疗4周后，患者诉左膝疼痛不明显，查体显示患处肿胀、压痛及叩击痛不明显，浮髌试验（-），X线片提示骨折断端对位良好，关节面较平整，少至中量骨痂生长。治疗前后X线片见图11。

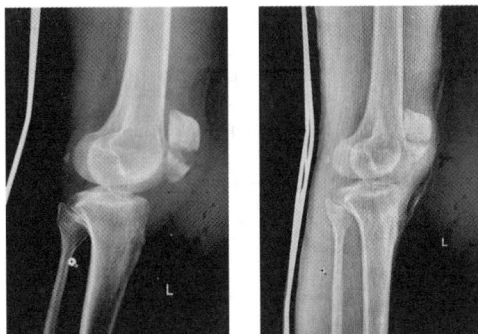

治疗前　　　　　　　治疗后

图11　左膑骨骨折治疗前后X线片对比

### （十二）胫骨下段骨折

胫骨下段骨折是发生在小腿胫骨远端（靠近踝关节）的骨皮质连续性中断，多由外伤（如跌倒、撞击或运动损伤）引起，主要表现为剧烈疼痛、肿胀、畸形及无法负重。何仁甫治疗胫骨下段骨折以手法整复及联合夹缚外固定为基础，配合中药外敷治疗及功能锻炼。

【病案】患者，男，30岁。

主诉：左小腿伤痛伴活动困难2天。

现病史：患者2天前在家下楼梯时不慎摔倒，左小腿疼痛剧烈，不能站立及行走，遂求治于当地医院。当地医院行X线检查，结果显示左胫骨下段骨折，断端对位差，建议患者手术治疗。患者拒绝手术治疗，前来中医骨伤科就诊。刻下症：患者生命体征平稳，心、肺、腹部未查及明显异常，左小腿肿胀、畸形明显，可见皮下瘀斑，左胫骨下段可触及明显骨擦感，压痛（＋），左下肢纵向叩击痛（＋），左下肢活动功能受限明显，左踝关节活动功能受限，左足背动脉搏动正常，各趾活动度正常，皮肤感觉正常。舌淡，苔薄白，脉涩。

西医诊断：左胫骨下段骨折。

中医诊断：骨折，骨断筋伤、气滞血瘀证。

治疗方案：①手法整复。患者取仰卧位，膝关节半屈曲约20°～30°。助手甲站于患者患肢外侧，握住患肢大腿下部或用肘关节套住患膝腘窝部；助手乙面对患者，双手握住患足背部及足跟部。二者顺势对抗牵引，以矫正重叠和成角。医者先用旋转手法纠正其外旋移位，同时助手乙将患肢远端内旋；然后医者用对向推挤法矫正其左右移位，双手拇指分别置于胫骨断端的内、外两侧凸处，对向推挤；最后医者矫正其前后移位，双手拇指置于骨折近端前侧，其余四指置于骨折远端后侧，用提按法（提远端、按近端）矫正，助手甲帮助医者向下按骨折近端，整复完成。②固定。运用何氏骨科联合夹缚外固定术。根据骨折移位或成角情况，选用一块弧形压垫置于移位的骨端（骨折近端或远端）；或用三块弧形压垫（胫侧两块，腓骨侧一块）三点加压，用胶布粘贴固定，再用四块夹板（长度以不影响膝、踝关节活动为准）、扎带、绷带包扎固定。每次换药时，酌情调整夹板松紧度。③药物治疗。伤后第1～2周，患部外敷消肿止痛散，隔日一换。

第2周以后，患部外敷续断接骨散，隔日一换。④功能锻炼。复位成功后，即行股四头肌的舒缩运动及足趾的伸屈运动，左下肢禁止做旋转运动；治疗4周后，行"仰卧举腿"练习；治疗6周后，行"措滚舒筋""四面摆踢"练习。

治疗2个月后，患者功能恢复良好，临床治愈出院。嘱患者在门诊继续巩固治疗，定期复查X线片，适当进行患肢功能锻炼，不适随诊。治疗前后X线片见图12。

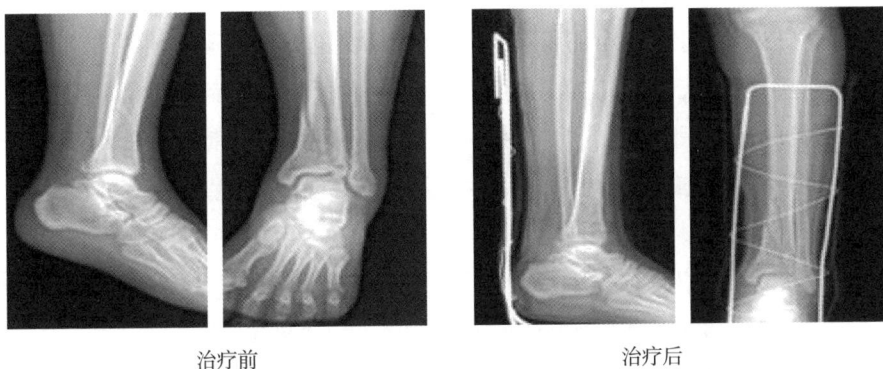

治疗前　　　　　　　　　　　　治疗后

图12　左胫骨下段骨折治疗前后X线片对比

## （十三）颈肩肌筋膜炎

颈肩肌筋膜炎又称"落枕"，多因睡眠姿势不当或感受风寒所致，以晨起后颈项疼痛、转侧不利等为主要表现。现代医学认为本病的发病机制为睡眠姿势不当，使颈项部分肌肉长时间处于过度牵拉状态，局部血液循环障碍，致乳酸、组胺等致痛物质沉积，组织细胞代谢产物不能正常排泄，产生疼痛。

本病可归属中医"痹症"范畴，盖因患者素体虚弱，复感风寒湿邪，郁结不散，闭阻经络，导致气血运行不畅而发病。《伤科大成》言："失枕有因卧者，有一时之误者，使患者坐低处，先行揉摩，一手提起其头，一手托住其下颏，缓缓转动伸舒使直。"《医宗金鉴·正骨心法要旨》言："按其经络，以通郁闭之气；摩其壅聚，以散瘀结之肿，其患可愈。"何仁甫运用传统理筋手法结合颈椎端提定位旋转法治疗颈肩肌筋膜炎，首先松解颈部肌肉痉挛，使颈部的外在平衡趋于恢复，再将拇指的压应力作用于小关节处，使患病小关节旋转复位，从而恢复颈椎的内在平衡，效果显著。何氏骨科专方逐阴散具有搜风逐寒、通阳宣痹的作用；风湿痹痛散具有温经通络、散寒除湿的功效，将二者外敷于患处，使药物经皮肤渗入肌肉，直达病所，可以迅速缓解患者疼痛症状。此外，经常性落枕可能是颈椎病的前兆，除积极对症治疗外，还应拍摄 X 线片以做进一步检查，以防止失治误治。

【病案】患者，女，40 岁。

主诉：颈部疼痛伴活动受限 2 小时。

现病史：患者于 2 小时前晨起后突然出现颈部疼痛、酸胀，颈项部牵扯性疼痛，活动明显受限，右侧症状明显，即来我院就诊。刻下症：患者头颈部强迫体位，颈部肌肉紧张明显，压痛明显，肌紧张处可扪及条索状改变，颈椎活动受限。舌淡，苔白腻，脉浮紧。X 线片提示颈椎生理曲度变直，余骨质未见明显异常。

西医诊断：颈肩肌筋膜炎。

中医诊断：落枕，风寒湿痹证。

治疗方案：①手法治疗。首先施以传统理筋手法。患者取正坐位。医者立于患者背侧，用拇指点揉其百会至大杼以通督，再点揉风池、风府、肩中俞、肩井等穴，继而在颈肩部疼痛处做分理拿捏手法。若肌肉僵凝，可扪及条索状物，在拿捏后加用提弹手法，最后做广泛按摩放松。再运用颈椎端提定位旋转法。医者以双手拇指托扶患者枕部，双手其余四指扶托颊及下颌，缓缓做前屈后伸、左右侧屈、左右旋转及回旋运动等头颈部被动活动，患者放松肌肉配合医生做运动。当患者头颈部旋转至极度旋转角时，医者双手稍用力，骤然将头继续旋转一小角度，以听见关节响声为度，继而再做相反方向的旋扳，最后以按摩放松结束。②药物治疗。局部外敷骨科逐阴散与风湿痹痛散。逐阴散与风湿痹痛散按 1∶1 比例混合调匀并敷于患处，边缘用棉条圈围，外盖油纸并用绷带包扎固定。隔日一换。

初诊行手法治疗后，患者诉颈部疼痛有所缓解，已可轻度转侧活动。继续给予中药外敷治疗，嘱患者避免长时间伏案工作，选用低枕休息，隔日门诊换药。二诊时，患者诉颈部疼痛明显缓解，颈部转侧活动幅度较前明显改善。继续给予轻柔理筋手法以放松颈部肌肉，并外敷逐阴散与风湿痹痛散。三诊时，患者颈部活动已正常，颈部疼痛不明显，已达临床治愈。给予风湿痹痛膏外贴于颈部以巩固治疗效果。

### （十四）腰椎小关节紊乱

腰椎小关节紊乱又称"腰椎后关节滑膜嵌顿"，系因负重起蹲或负重扭腰等动作使椎间小关节负荷加大，超出关节及周围软组织承受的应变力量，破坏了椎间小关节的稳定性，进而发生急慢性劳损、交锁、滑膜嵌顿及周围软组织炎性反应，进而引起剧烈疼痛和反射性腰肌痉挛。中医称本病为"闪腰"。清·尤在泾《金匮翼》中提出："瘀血腰痛者，闪挫及强力举重得之。盖腰者，一身之要，屈伸俯仰，无不由之。若一有损伤，则血脉凝涩，经络壅滞，令人卒痛，不能转侧。"《医宗金鉴》言："或因跌扑闪失，以致骨缝开错，气血郁滞，为肿为痛，宜用按摩法，按其经络以通郁闭之气，摩其壅聚以散瘀结之肿，其患可愈。"

何仁甫基于"治骨先治肉"理念，提出治疗腰椎小关节紊乱应先松解肌肉痉挛，使腰部外在平衡趋于恢复，再将拇指的压应力作用于小关节处，使患病小关节旋转复位，从而恢复腰椎小关节的内在平衡。临床上，何仁甫常使用何氏骨科夹脊振抖法配合中药续断接骨散、消肿止痛散局部外敷治疗本病，其中手法是关键。夹脊振抖法是何仁甫治疗腰椎小关节紊乱的常用手法，操作要领为用双手拿住患者腹外斜肌并用力提弹，使患者腹外斜肌收缩，腹内压增高，前腹壁产生兴奋，进而通过拮抗作用松弛背部肌肉，从而调整椎体后关节的力学平衡。小关节的稳定依赖于关节韧带和关节周围的肌张力，局部外敷续断接骨散、消肿止痛散可以恢复小关节稳定性，从而恢复腰部内、外平衡，与手法治疗相得益彰。

【病案】患者，女，30岁。

主诉：腰部疼痛伴活动困难3小时。

现病史：患者于3小时前弯腰搬重物时突然出现腰部疼痛、活动不利，不能直立行走，遂由家人搀扶就诊。刻下症：患者腰部疼痛明显，活动困难，腰背部肌肉紧张，压痛明显，腰部屈伸活动明显受限，双下肢直腿抬高试验（－）。舌淡，苔薄白，脉弦紧。X线片提示腰椎生理曲度变直，余骨质未见明显异常。

西医诊断：腰椎小关节紊乱。

中医诊断：腰痛，气滞血瘀证。

治疗方案：①手法治疗。患者取俯卧位，医者手食指、中指屈曲90°，用二指中节背侧分别夹住脊柱棘突两侧，从第1腰椎到骶部夹脊区域，自上而下进行轻抖，梳理脊筋并审视痛点；然后用双手拇指指腹从第1腰椎两侧至臀部作点揉手法，并用其余四指提弹腹外斜肌；最后双手拇指交叉，在病位椎体处用力振抖。②药物治疗。病椎处外敷续断接骨散，周围外敷消肿止痛散，边缘用棉条圈围，外盖油纸并用绷带包扎固定。隔日一换。

初诊治疗后，患者腰部疼痛明显缓解，已可轻度弯腰俯身活动，稍感腰部胀痛不适，后用护腰固定患处，自行行走回家。二诊时，患者腰部疼痛明显缓解，已可去掉护腰行走，腰椎屈伸活动较前明显改善。继续给予轻柔理筋手法以放松腰部肌肉，局部外敷续断接骨散、消肿止痛散。三诊时，患者腰部活动正常，腰部疼痛不明显。给予强腰壮骨膏外贴于腰部，嘱患者回家后加强腰背肌锻炼。

## （十五）颈椎病

颈椎病系颈椎间盘退行性改变、颈椎骨质增生及颈部损伤等引起颈脊柱内外平衡失调，刺激或压迫血管、神经、脊髓等邻近组织，产生的一系列复杂症状和体征。何仁甫认为颈椎病属于"痹证"范畴，痹者闭也，气血不通，不通则痛，故出现颈、肩及上肢疼痛。

何氏骨科治疗本病采用手法治疗联合中药内服、外敷治疗，其中手法治疗能改善血液循环，疏通经络，消除肿胀，分离粘连，解除软组织痉挛，恢复颈椎关节解剖位置，解除或减轻其对血管、神经的刺激或压迫；中药外敷常采用分部位用药法，颈椎中间外敷消肿止痛散以行气活血、消肿止痛，颈椎两侧外敷止痛壮骨散以活血化瘀、温通经络，肩背部外敷风湿痹痛散以祛风除湿、通络止痛；内服药止痛壮骨胶囊具有行气、散瘀、止痛的功效。

【病案一】患者，男，60岁。

主诉：颈肩部反复疼痛5年余，加重2个月。

现病史：患者于5年前无明显诱因出现颈肩部疼痛，无头晕、头痛等不适症状，休息后症状稍缓解，病情反复发作。2个月前，患者颈肩部疼痛有所加重，夜间睡眠差，后无明显诱因出现耳鸣偶伴双上肢麻木，在成都某骨科医院接受针灸、按摩、中频理疗等治疗，效果不佳，遂求治于中医骨伤科。体征：患者颈肩部广泛性压痛，颈肩部肌张力增高，各方向活动略有受限，双侧臂丛神经牵拉试验（＋），压顶试验（＋），旋颈试验（－），双上肢肌力Ⅳ级，双手感觉减退，双上肢血液循环正常，双上肢生理反射正常，病理反射未引出。舌质淡红，舌苔薄白，脉沉细。

西医诊断：神经根型颈椎病。

中医诊断：项痹，肝肾亏虚证。

治法：滋补肝肾，通络活络。

治疗方案：①手法治疗。采用传统理筋手法按摩。医者用双手四指指腹（拇指除外）沿双侧胸锁乳突肌、斜方肌等肌群，自上而下进行螺旋式按摩，力度由轻到重再到轻；用双手拿捏项肌、胸锁乳突肌；用双手拇指指腹交叉揉按、顺理颈椎棘上、棘间韧带，并沿颈部肌肉进行分筋理筋；用右手小鱼际肌推拿、揉按肩胛提肌、斜方肌、菱形肌、冈上肌等；用拇指点揉风池、风府、天宗、缺盆、阿是穴；采用端提定位旋转手法。隔日一次。②药物治疗。分部位外敷中药，颈椎中间外敷壮骨抗劳散，颈椎两侧外敷止痛壮骨散，肩背部外敷风湿痹痛散。每次保留 24 小时，隔日一换。

治疗 1 周后，患者精神尚可，饮食及睡眠明显好转，颈肩部疼痛较前减轻，耳鸣较前缓解，颈部活动改善。治疗 4 周后，患者精神好，耳鸣不明显，颈肩背部疼痛较前明显减轻，颈部活动正常，好转出院。

**按语：**本案患者系老年男性，病程较长，久病体弱，肝肾亏虚，肾精不足，肾开窍于耳，肾精不足故耳鸣，进而影响睡眠，引起失眠多梦；又肝主筋，肝血虚，血不养筋，筋不受养而发痉挛、疼痛。本病治疗以滋补肝肾、通络活络为主，先以手法改善血运，疏通经络，消除肿胀，分离粘连，解除软组织痉挛，恢复颈椎关节解剖位置，解除或减轻其对血管、神经的刺激或压迫。再应用何氏骨科专方进行分部位中药外敷，颈椎中间外敷中药壮骨抗劳散以补肝肾、强筋健骨，颈椎两侧外敷止痛壮骨散以活血化瘀、温经通络，肩背部外敷风湿痹痛散以祛风除湿、通络止痛。诸药共奏补肝肾、强筋骨、祛风除湿、活血通经之效，取得了显著疗效。

【病案二】患者，女，42 岁，公司职员。

主诉：颈肩部伴左上肢疼痛 5 天。

现病史：患者于 5 天前晨起刷牙时因突然转头不慎扭伤颈部，即感颈肩部疼痛伴左上肢放射性疼痛，活动不利，休息后稍缓解，在家自行贴膏药治疗，效果不佳。为进一步治疗，遂来中医骨伤科就诊。刻下症：患者颈肩部疼痛、僵硬，肌紧张度增高，活动不利，伴左上肢胀痛，偶伴有麻木感。查体见颈部肌肉痉挛，颈 4～7 椎棘突旁左侧肌肉压痛明显，各方向活动部分受限，左臂丛神经牵拉试验（＋），椎间孔挤压试验（＋），双上肢肌力正常，生理反射存在，病理征未引出。舌质暗，脉弦涩。X 线片提示颈椎 4、5、6 椎体骨质增生，颈椎生理曲度变直。

西医诊断：颈椎病。

中医诊断：项痹，气滞血瘀证。

治法：活血化瘀，行气止痛。

治疗方案：①手法治疗。采取穴位点揉、弹提舒筋、夹脊振抖、滚揉按摩等手法按摩治疗。隔日一次。②药物治疗。颈椎中间外敷中药消肿止痛散，颈椎两侧外敷止痛壮骨散，左肩背部外敷风湿痹痛散。每次保留 24 小时，隔日一换。

治疗 1 周后，患者精神明显好转，饮食及睡眠尚可，自诉颈肩疼痛稍缓解，左上肢胀痛减轻，颈部各方向活动度有所改善。治疗 2 周后，患者颈肩部疼痛较前有明显缓解，左上肢胀痛明显好转，麻木感基本消失。查体见颈部两侧肌张力不高，颈肩左侧轻度压痛，左侧臂丛神经牵拉试验（－），椎间孔挤压试验（－），双上肢肌力及感觉正常，生理反射存在，病理征未引出。病情临床好转出院。嘱患者避免长时间伏案工作，适当进行颈肩部肌力及功能锻炼，慎起居，避风寒。

**按语：**本病患者因突然转头而出现颈肩部疼痛症状，为颈部受伤所致，因此治疗以活血化瘀、行气止痛为法，采用穴位点揉、弹提舒筋、夹脊振抖、滚揉按摩等手法治疗，联合多部位中药外敷，疗效显著。

【病案三】患者，女，67 岁，退休。

主诉：颈肩部反复疼痛 5 年，加重伴眩晕 1 个月。

现病史：患者于 5 年前无明显诱因出现颈肩部疼痛，无上肢麻木。当地医院诊断其为颈椎退行性改变，给予推拿按摩、针灸等治疗，疼痛有所缓解。其后患者多次出现颈肩部疼痛，经休息或外贴膏药后缓解。1 个月前，患者无明显诱因出现颈肩部疼痛加重，伴头晕目眩，自行在家外贴膏药治疗效果不佳，门诊以颈椎病将其收住入院。刻下症：患者颈肩部疼痛，无上肢麻木，头晕目眩，面色苍白，颈部活动不利，无心慌、气紧不适症状，精神尚可，二便正常。查体见颈肩部压痛，颈肩部肌张力增高，各方向活动不利，颈后仰时头晕明显加重，双侧臂丛神经牵拉试验（－），椎间孔挤压试验（＋），旋颈试验（＋），左上肢肌力正常，双上肢感觉及血液循环尚可。舌淡，苔薄白，脉细弱。X线片提示颈椎生理弧度变直，颈 3 ～ 7 椎体骨质增生退变，颈 5 ～ 6 椎间隙及左侧椎间孔变窄。

西医诊断：颈椎病。

中医诊断：项痹，气血两虚证。

治法：补气养血，舒经活络。

治疗方案：①手法治疗。采用穴位点揉、弹提舒筋、夹脊振抖、滚揉等手法按摩治疗。隔日一次。②药物治疗。颈椎部外敷逐痹强筋散、止痛壮骨散，肩部外敷风湿痹痛散。每次保留 24 小时，隔日一次。内服中药汤剂八珍汤加减以补益气血，舒经活络。③功能锻炼。指导患者进行前屈、左顾右盼、左右旋转颈部等运动功能锻炼。

治疗 1 周后，患者精神尚可，饮食及睡眠明显好转，颈肩部疼痛较前减轻，头晕较前缓解，颈部活动改善。治疗 4 周后，患者精神好，头晕基本消失，颈肩背部疼痛较前明显减轻，颈部活动正常。

**按语：**本病患者系老年女性，久病气血亏虚，不能濡养经筋，营行不利，不荣则痛，故而发病。血虚不能上荣，故见头晕目眩，面色苍白，舌淡苔薄白，脉细弱，因此治疗以补气活血、舒经活络为原则。手法治疗能改善血运，疏通经络，消除肿胀，松解粘连，解除软组织痉挛，恢复颈椎关节解剖位置，解除或减轻其对血管、神经的刺激或压迫。药物治疗方面，外敷逐痹强筋散以益肝柔筋、养血调气，外敷止痛壮骨散以温经通络、活血化瘀，外敷风湿痹痛散以祛风除湿、通络止痛，内服八珍汤加减以补益气血，舒经活络。诸药共奏补气养血、舒经活络之功。

## （十六）腰椎间盘突出症

腰椎间盘突出症可归属于中医"腰痛"范畴。历代医家对于本病均有论述。《灵枢·邪客》言："肾有邪，其气留于两腘……邪气恶血固不得住留，住留则伤筋络骨节，机关不得屈伸，故拘挛也。"指出肾病腰痛及腰连腿痛的病机所在。《素问·刺腰痛》言："肉里之脉令人腰痛，不可以咳，咳则筋缩急。"《医林绳墨》言："大抵腰痛之症，因于劳损而肾虚者甚多……盖肾虚而受邪，则邪胜而阴愈消，不能荣养于腰，故作痛也。"《兰台轨范》言："腰痛属虚者固多，而因风湿痰湿、气阻血凝者亦不少。一概蛮补必成痼疾，不可不审。"

何仁甫治疗腰椎间盘突出症将手法与药物治疗并重。累积性劳损和自身腰椎结构退变是引发腰椎间盘突出的首要病因，可导致腰椎关节失稳、内外平衡失调等生物力学改变，造成髓核突出。手法治疗可以促进炎性介质和代谢产物吸收，有利于病变组织修复。后伸斜扳法是何仁甫的常用治疗手法，通过后伸斜扳、按压、推挤，牵引增宽椎间隙及松解腰背部的肌肉痉挛，促进纤维环、后纵韧带、周围软组织对突出的髓核产生压力，使突出的髓核产生移位或微小的还纳，减轻髓核对神经的压迫。此外，后伸斜扳法可有效地调整、松动小关节和关节囊位置，促进腰椎小关节吻合，有助于复位嵌顿滑膜及错位的关节，并松解神经根和小关节粘连，缓解疼痛。夹脊振抖法亦可应用于腰椎间盘突出症的治疗中，通过用力提弹患者腹外斜肌，经拮抗作用松弛背部肌肉，使椎间盘产生负压，形成回吸力，促使突出髓核部分回纳，同时调整腰椎后关节的力学平衡，改变髓核与神经根的相对解剖位置，改善局部组织的血液循环，促进炎性介质和代谢产物的吸收，有利于病变组织的修复。分部位用药也是治疗腰椎间盘突出症的重要方法。何仁甫常选取腰椎正中外敷壮骨抗劳散以强筋健骨，腰椎两旁外敷止痛壮骨散以活血化瘀、温经通络，臀部外敷风湿痹痛散以祛风除湿、通络止痛，口服止痛壮骨胶囊及杜仲养元液以补益肝肾、强筋壮骨。

【病案一】患者，男，38岁，公司职员。

主诉：腰痛伴右下肢放射性疼痛1个月。

现病史：患者1个月前在家洗凉水澡后出现腰部疼痛，屈伸不利，偶伴右下肢放射性疼痛，每当受寒或阴雨天疼痛加剧，活动困难，不能久坐久站，在附近诊所接受按摩、针灸等治疗后疗效不明显。门诊以腰椎间盘突出症将患者收入住院治疗。刻下症：患者腰及右下肢疼痛，麻木，跛行。查体见腰部两侧肌肉紧张明显，腰部功能受限，腰5～骶1右侧棘突旁深压痛，右臀环跳处压痛明显（+），右下肢直腿抬高试验及加强试验（+），股神经牵拉试验（-），右下肢肌力、感觉减弱，无肌萎缩，跟腱反射正常，鞍区感觉正常，病理征未引出。舌质淡，舌苔白腻，脉沉紧。

西医诊断：腰椎间盘突出症。

中医诊断：腰痛，寒湿痹阻证。

治法：温经散寒止痛，活血化瘀。

治疗方案：①手法治疗。采用穴位点揉、弹提舒筋、夹脊振抖法等手法推拿治疗。隔日一次。②药物治疗。腰椎正中外敷逐阴散，两侧外敷止痛壮骨散，右臀部外敷风湿痹痛散。每次保留 24 小时，隔日一换。

治疗 1 天后，患者自觉腰部冷痛减轻，疼痛可以忍受，夜间睡眠改善。治疗 1 周后，患者腰部疼痛缓解，右下肢疼痛减轻，腰部活动功能改善。治疗 3 周后，患者腰痛消失，右下肢放射性疼痛基本消失。查体见腰部两侧肌肉紧张不明显，腰部功能基本正常，压痛、叩痛不明显，右下肢直腿抬高试验及加强试验（−）。临床治愈出院。

**按语：**本案患者为壮年男性，肝肾亏虚尚不明显，主要病因为感受寒湿之邪。寒主收引，其性凝滞，邪气留着于肌肉，阻滞气机，气滞则血瘀，气血不通则腰腿疼痛。遇寒则血愈凝涩，故痛增；遇热则寒散，气血运行较畅，故其痛减。舌质淡、舌苔白腻、脉沉紧均为寒湿之象。故本案以温经散寒止痛、活血化瘀为治法。寒湿既去，则气血自行，故以逐阴散为主，外敷于脊柱正中以搜风逐寒、通阳宣痹，止痛壮骨散及风湿痹痛散为辅，外敷于脊柱两侧及右侧臀部以祛风除湿、活血通络止痛，体现了何氏骨科分部位用药法的特色。

【病案二】患者，男，63 岁，退休。

主诉：腰痛伴左下肢疼痛、麻木 1 年余，加重 1 周。

现病史：患者于 1 年余前无明显诱因出现腰部疼痛伴左下肢麻木不适，行走后加重，休息后稍缓解，在当地医院诊断为腰椎间盘突出症、腰椎退变，经按摩、针灸、火罐治疗后病情有所好转，但时有反复。1 周前，患者无明显诱因出现腰及左下肢疼痛、麻木，逐渐加重，于今日来中医骨伤科就诊。刻下症：患者腰部两侧肌肉紧张明显，腰部功能受限，腰骶部左侧棘突旁深压痛，左臀部压痛明显。屈颈试验（＋），仰卧挺腹试验（＋），颈静脉压迫试验（−），左下肢直腿抬高试验（＋），加强试验（＋），股神经牵拉试验（−），"4"字试验（−），左下肢肌力 4 级，左小腿外侧感觉减退（－），跟腱反射正常，鞍区感觉正常。病理征未引出。舌淡红，苔薄白，脉沉缓。

西医诊断：腰椎间盘突出症。

中医诊断：腰痛，肝肾亏虚证。

治法：补益肝肾，通络止痛。

治疗方案：①手法治疗。采用穴位点揉、弹提舒筋、切颤及夹脊振抖法等手法推拿治疗。隔日一次。②药物治疗。腰椎正中外敷中药壮骨抗劳散；腰椎两侧外敷止痛壮骨散，左臀部外敷风湿痹痛散。每次保留 24 小时，隔日一换。③功能锻炼。疼痛缓解后，患者在医者指导下进行飞雁式、拱桥式腰背肌功能锻炼，以增强腰背肌肉力量。

治疗 3 天后，患者病情得到改善，腰部疼痛减轻，左下肢仍感麻木不适。治疗 2 周后，患者腰部疼痛基本消失，左下肢麻木症状稍有减轻。治疗 4 周后，患者腰痛及左下肢放射性疼痛、麻木明显缓解，腰部活动功能明显改善，椎旁压痛及叩痛基本消失，双侧直腿抬高试验及加强试验（－），双下肢肌力及感觉基本正常。

**按语**：本案患者系老年男性，肝肾亏虚，腰为肾府，肾精亏虚则腰酸软无力，出现虚劳疼痛；肝主筋，肝血虚则血不养筋，筋不受养而发痉挛、疼痛；舌淡红、苔薄白、脉沉缓为肝肾亏虚所致，故本病治疗以补益肝肾、通络止痛为法。何仁甫治疗本病以手法治疗配合中药外敷及内服，从而解除肌肉痉挛，调整椎间盘和神经根位置，促使部分突出的椎间盘回纳；改善局部组织的血液循环，促进炎性介质和代谢产物的吸收，有利于病变组织的修复。

【病案三】患者，男，38 岁，农民。

主诉：腰痛伴左下肢放射痛 3 天。

现病史：患者 3 天前在弯腰起身时扭伤腰部，出现腰及左臀部疼痛伴左下肢放射性疼痛，疼痛以刺痛为主，活动受限，在家休息后缓解。现患者自觉上述症状加重，于今日来中医骨伤科门诊就诊，门诊以腰椎间盘突出症收入住院部。刻下症：患者腰部两侧肌肉紧张明显，腰部功能受限，腰 4～腰 5、腰 5～骶 1 两侧棘突旁深压痛，左侧明显，左下肢直腿抬高试验及加强试验（＋），右下肢直腿抬高试验及加强试验（－），股神经牵拉试验（－），双下肢肌力、感觉正常，无肌萎缩，跟腱反射正常，鞍区感觉正常，病理征未引出。舌质绛，苔薄白，寸口脉弦紧。

西医诊断：腰椎间盘突出症。

中医诊断：腰痛，气滞血瘀证。

治法：行气活血，祛瘀止痛。

治疗方案：①手法治疗。采用夹脊振抖、拿捏提弹、点柔分理、揉滚拍击等手法放松肌肉，并采用后伸斜扳法治疗。隔日一次。②药物治疗。腰椎正中外敷消肿止痛散，腰椎两侧外敷止痛壮骨散，左侧臀部外敷风湿痹痛散。每次保留24小时，隔日一换。口服肿痛宁胶囊以行气活血。

治疗3天后，患者诉腰痛明显减轻，左下肢疼痛减轻，腰部活动功能有所改善。治疗7天后，患者腰部疼痛基本缓解，压痛及叩痛明显减轻，左下肢疼痛明显减轻。医者指导患者在床上加强腰背肌功能锻炼。经治疗25天，患者腰痛及左下肢放射性疼痛基本消失，腰部活动功能明显改善，椎旁压痛及叩痛基本消失，双侧直腿抬高试验（－），加强试验（－），双下肢肌力及感觉基本正常。临床好转出院。

**按语：** 本案患者弯腰时扭伤腰部，造成腰椎间盘急性损伤，纤维环破裂，髓核组织突出，刺激和压迫周围组织产生反应性充血、水肿和炎性渗出，引发腰痛伴左下肢放射性疼痛。从中医角度看，本案属于气滞血瘀型腰痛，盖因患者经脉受损，气机紊乱，气血运行不畅，瘀血内停而发病，故治疗以行气活血、祛瘀止痛为法。医者依据何氏骨科学术思想，采用手法治疗结合外敷药物为主的治疗手段，脊椎中间外敷消肿止痛散以行气活血，促进病变部位神经根充血、水肿消散吸收；腰椎两旁外敷止痛壮骨散以活血化瘀、温经通络；左臀部外敷风湿痹痛散以改善左侧坐骨神经微循环，扩张血管，促进局部血液循环，消除神经水肿，从而有效缓解患者疼痛，阻止病情进展，充分体现了何氏骨科的特色和优势。

## （十七）风湿性关节炎

风湿性关节炎是一种反复发作的急性或慢性关节胶原组织炎症，与A组溶血性链球菌感染有关，临床主要表现为游走性、多发性关节炎，实验室检查可见抗链球菌溶血素O阳性、血沉增快等。中医认为本病是人体感受风寒湿邪所致，可归属于"痹证"范畴。《素问·痹论》曰："风寒湿三气杂至，合而为痹也。其风气盛者为行痹，寒气盛者为痛痹，湿气盛者为着痹也。"何仁甫认为，正气不足为风湿性关节炎发病的内因；感受风、寒、湿、热邪为本病发病的外因。正如《证治汇补》所言："由元精内虚，而三气所袭，不能随时祛散，流注经络，久而成痹。"

何仁甫治疗风湿性关节炎时将内服和外敷中药相结合，其目的是祛风除湿，通经活络，补肾散寒，消肿止痛，改善局部微循环，提高局部痛阈，从而缓解和解除症状。风湿性关节炎多见湿热痹阻证，何仁甫传人治疗本病常选用外敷逐阴散合解毒消炎散，口服白虎桂枝汤加减。逐阴散方中白芷祛风散寒、通窍止痛，为君药；当归补血活血，赤芍清热凉血、活血祛瘀，三七止血散瘀、消肿定痛，天麻祛风通络，威灵仙祛风湿、通络止痛，共为臣药；陈皮理气燥湿，石菖蒲开窍化湿，为佐药。诸药合用，共奏宣阳通痹之功。解毒消炎散方中当归补血活血，赤芍清热凉血、活血祛瘀，牡丹皮清热活血散瘀，共为君药；黄柏清热解毒、清热燥湿，白芷祛风散寒、通窍止痛，生地黄清热凉血、益阴生津，川芎活血行气、祛风止痛，共为臣药；菊花疏风清热、解毒消肿，紫花地丁清热解毒、凉血消肿，为佐药。诸药合用，共奏清热凉血、解毒消炎之功。二药合用，既能清热除湿，又可宣阳通痹止痛。白虎桂枝汤加减是何仁甫治疗风湿性关节炎的常用内服方剂，方中石膏祛热除烦、清阳明经热，知母清热养阴，桂枝温经通阳、发汗解肌，生地黄清热滋阴，黄柏清热燥湿，薏苡仁利湿，当归补血活血，炙甘草调和诸药。诸药共奏清热利湿之功。

【病案】患者，女，55岁，退休。

主诉：多处关节疼痛1年，加重10天。

现病史：患者自1年前开始，每逢阴雨天气即出现全身关节活动受限，周身关节酸痛，畏寒发热，自服药物治疗，效果欠佳。10天前，患者肘、膝、腕关节痹痛加剧，屈伸不利，遂前往某医院诊治，接受吲哚美辛、泼尼松口服治疗，但服药后出现腹胀、隐痛不适，恶心呕吐，不能坚持治疗。患者为求进一步治疗，来中医骨伤科就诊。刻下症：患者双膝、双腕、左踝关节肿痛，皮温高，身热面赤，汗出畏热，口干喜饮，二便正常。舌有齿痕，苔偏黄，脉弦细。

既往史：患者自诉有风湿性关节炎病史。

西医诊断：风湿性关节炎。

中医诊断：痹证，风湿热痹。

治法：清热通络，调和营卫。

治疗方案：①外敷解毒消炎散合逐阴散。②口服白虎桂枝汤加减。处方：生石膏30g（先煎），桂枝9g，知母10g，生地黄20g，当归15g，炙甘草6g，黄柏15g，薏苡仁18g。水煎服，每日1剂。

治疗1周后，患者热退，足踝、膝、腕部肿痛减轻。治疗半个月后，患者症状明显减轻，四肢活动度正常。

## （十八）类风湿性关节炎

类风湿性关节炎是一种以关节慢性反复发作性炎症为主要表现的全身性自身免疫性疾病，呈多发性、对称性发病，致残率高，是临床难治疾病。类风湿性关节炎的病变主要发生在滑膜，侵害范围涉及滑膜软骨、韧带、肌腱等组织和多脏器，发病年龄为25～55岁，女性多于男性。现代医学认为类风湿性关节炎的发生机制尚不明确，可能与感染、过敏、内分泌失调、家族遗传、免疫病理等因素有关。

类风湿性关节炎可归于中医"痹证"范畴，又有称"历节病""周痹""尪痹""顽痹""骨痹"等称谓。《素问·痹论》指出"所谓痹者，各以其时，重感于风寒湿之气也"，对其病因、病机、分类做了经典论述。《素问·气穴论》言："积寒留舍，荣卫不居，卷肉缩筋，肋肘不得伸，内为骨痹。"《济生方·五痹论治》言："痹之为病，寒多则痛，风多则行，湿多则着，在骨则重而不举，在脉则血凝而不流，在筋则屈而不伸，在肉则不仁，在皮则寒，逢寒则急，逢热则纵。此皆随所受邪气而生证也。"《证治准绳》提出："两手十指，一指痛了一指痛，痛后而肿，骨头里痛。膝痛，左膝痛了右膝痛，发时多则五日，少则三日，昼轻夜重，痛时发热，行则痛轻，肿则痛。"文中所述与类风湿性关节炎症状相似。

何仁甫认为，本病多由人体气血亏虚，腠理疏松，致使风寒湿邪乘虚而入，壅塞经络，凝而为痹。正如《类证治裁》所云："诸痹……良由营卫先虚，腠理不密，风寒湿乘虚内袭，正气为邪所阻，不能宣行，因而留滞，气血凝涩，久而成痹。"又如《症因脉治》所云："寒痹之因，营气不足，卫外之阳不固，皮毛空疏，腠理不充，或冲寒冒雨，露卧当风，则寒邪袭之，而寒痹作矣。"何仁甫临床应用逐阴散外敷治疗类风湿性关节炎，以发挥宣阳通痹的功效。外敷药物可经皮肤渗入肌肉关节，直达病所，改善局部微循环，提高局部痛阈，从而迅速缓解疼痛，解除患者痛苦。这也体现了何仁甫"治疗重视整体，更重视局部""外治为主，内治为辅"的学术特色。

【病案】患者，女，60 岁，退休。

主诉：双手肿痛 10 余年，加重 20 余天。

现病史：患者于 10 余年前不明原因出现双手指肿胀疼痛，关节逐渐变形，在当地医院检查诊断为类风湿性关节炎，接受口服止痛药治疗后症状缓解，后续常因天气、劳累等因素复发，仍自服止痛药治疗。20 余天前，患者感双手指肿胀、疼痛加重，自服止痛药后疼痛缓解不明显，遂至中医骨伤科就诊。刻下症：患者双手多指肿胀、疼痛明显，夜间、变天尤甚，晨僵约 1 小时，手指屈伸活动困难，不能握持空水杯。查体见患者体温正常，双手 2、3、4 指近节指间关节呈梭形肿胀，皮色不红，皮温不高，触痛、压痛明显，左腕关节略呈尺偏畸形，双手肢端感觉、血供、运动尚可。舌质淡，苔薄白，脉弦紧。实验室检查提示白细胞计数 $8.41 \times 10^9$/L，中性粒细胞比率 68.8%，血红蛋白 101g/L，红细胞沉降率 103mm/h，C 反应蛋白 25mg/L，类风湿因子 79IU/ml，抗链球菌溶血素 O 滴度 137U/ml，肝、肾功能及电解质正常。X 线片提示患者双手各骨骨质疏松，指间关节间隙变窄，未见确切破坏，双手近节指间关节软组织肿胀，考虑类风湿性关节炎。

西医诊断：类风湿性关节炎。

中医诊断：痛痹，寒湿痹阻证。

治疗方案：患处外敷逐阴散，每次保留 24 小时，隔日一换。

治疗 3 天后，患者自觉疼痛减轻，夜间不服用止痛药即可入睡。治疗两周后，患者双手肿胀、疼痛减轻，晨僵在半小时左右，手指屈伸功能有好转，可握持装少量水的水杯。治疗 1 个月后，患者双手肿胀不明显，手指疼痛轻微，晨僵数分钟，适当活动后即正常，手指屈伸功能明显好转，能握拳。复查红细胞沉降率 25mm/h，C 反应蛋白 11mg/L，类风湿因子 52IU/ml，好转出院。嘱其继续外敷逐阴散 1 个月，注意休息，避免受凉，适度进行手指功能锻炼。

## （十九）膝骨关节炎

膝骨关节炎是中老年人易患的一种慢性退行性关节疾病，临床以膝关节疼痛和关节活动障碍为主要表现，属中医"骨痹""痹证"范畴。早在《黄帝内经》时代，中医已提出"骨痹"病名。《素问·长刺节论》曰："病在骨，骨重不可举，骨髓酸痛，寒气至，名曰骨痹。"点明了骨痹的发病部位在骨，临床表现以关节酸痛沉重为主的疾病特点。此外，《黄帝内经》还指出骨痹的病机关键在肾气衰弱，正如《素问·逆调论》所云："是人者，素肾气胜，以水为事，太阳气衰，肾脂枯不长，一水不能胜两火，肾者水也，而生于骨，肾不生则髓不能满，故寒甚至骨也。"《张氏医通》亦云："膝者筋之府……故膝痛无有不因肝肾虚者，虚则风寒湿气袭之。"

何仁甫传人以"治骨先治肉"为理论基础，应用止痛壮骨胶囊口服联合逐阴散外敷治疗膝骨关节炎。止痛壮骨胶囊方中杜仲、枸杞、怀牛膝、桑寄生补肝壮肾、强健筋骨，当归、三七、天麻养血活血、充实筋骨，诸药共奏补肝肾、壮筋骨之功，是谓治本。逐阴散功能搜风逐寒、通阳宣痹、活血止痛，是谓治标。止痛壮骨胶囊与逐阴散合用，扶正与祛邪相结合，标本兼治，以达补肾壮骨、散寒通痹的治疗目的。

【病案】患者，女，65岁，退休。

主诉：右膝疼痛3个月，加重伴肿胀3天。

现病史：患者于3个月前无明显诱因出现右膝关节隐隐作痛，自用药酒、外贴膏药治疗后疼痛缓解。3天前，患者洗凉水澡后出现右膝关节疼痛加重，伴有右膝明显肿胀，再次外擦药酒后肿胀更加明显，并出现皮温升高，为求进一步治疗，遂至中医骨伤科就诊。刻下症：患者入院时右膝疼痛、肿胀明显，行走困难。查体见右膝关节皮色不红，肿胀明显，皮温略高，压痛明显，浮髌试验（＋），磨髌试验（＋），屈伸活动明显受限。饮食、睡眠一般，二便正常。舌质淡，苔白，脉沉缓。X线片提示右膝关节诸骨骨质增生及疏松，关节间隙变窄，以髌骨后为主，关节面欠光整，髌上囊肿胀。

西医诊断：右膝骨关节炎；右膝滑膜炎。

中医诊断：痹证，肝肾亏虚、寒湿痹阻、气滞血瘀证。

治法：补肝益肾，散寒止痛，活血散瘀。

治疗方案：①内服止痛壮骨胶囊。每日3次，每次4粒。 ②外敷逐阴散。在药粉中加入开水及少量白酒，搅匀调成糊状，冷却后备用。每次敷于右膝，用白纸覆盖，绷带包扎。每次保留24小时，隔日一换。

治疗1周后，患者右膝疼痛明显减轻，肿胀亦减轻，但下蹲、上下楼梯时疼痛仍明显。查体见右膝皮温不高，轻度压痛，浮髌试验（–），磨髌试验（＋），屈伸活动尚可。治疗2周后，患者右膝疼痛消失，活动自如，下蹲、上下楼梯轻微疼痛，稍许休息即缓解。查体见右膝皮温不高，压痛不明显，浮髌试验（–），屈伸活动尚可，临床好转出院。

**按语：** 本案患者为老年女性，素体肝肾亏虚，脾失健运，易生湿浊，加之贪凉，感受风寒或风、寒、湿三气杂合，凝滞膝部，阻滞气机，气滞则血瘀，气血不通则痛。本病属本虚标实，本为肝、脾、肾三脏功能失调，标为瘀血、风寒湿邪凝滞经络，治疗以益肾通痹、散寒止痛、活血化瘀为法，根据何仁甫"骨病药物治疗为主""治骨先治肉""外治为主，内治为辅"的理论，选用止痛壮骨胶囊口服联合逐阴散外敷治疗，疗效确切。

## （二十）股骨头缺血性坏死

股骨头缺血性坏死为临床常见疾病，是股骨头血供中断或受损，引起骨细胞及骨髓成分死亡及随后的修复，继而导致股骨头结构改变、股骨头塌陷、关节功能障碍。股骨头缺血性坏死一般早期并无症状，可有患肢乏力及间歇性髋关节疼痛，疼痛可放射至臀部，甚至沿大腿内前侧放射至膝部，局部有压痛者可伴有间歇性跛行。中医认为股骨头缺血性坏死可归于"髋骨痹""骨蚀"范畴，病因包括激素、酒精、创伤等。下面以三则病案为例，介绍何仁甫治疗激素所致、酒精所致、创伤所致三种类型股骨头缺血性坏死的临床思路。

【病案一】患者，女，42岁，职员。

主诉：双髋疼痛6个月。

现病史：患者于6个月前无明显诱因出现双髋部酸痛，以右侧疼痛为主，偶伴右侧大腿甚至右膝疼痛，下蹲困难，曾自行外贴膏药、外搽药酒等治疗，疼痛有所缓解，但病情仍反复。近日患者出现走路跛行，遂至中医骨伤科就诊。刻下症：患者感双髋部疼痛，右侧明显，下蹲、盘腿等动作困难。查体见双侧腹股沟处压痛，右髋内旋、外展受限，右侧"4"字试验（＋），左髋内旋轻度受限，左侧"4"字试验（＋），双下肢肌力、感觉、血运正常，双侧下肢生理反射存在，病理反射未引出。舌质淡红，苔薄白，脉沉细。双髋磁共振成像检查提示双侧髋关节在位，右侧股骨头稍变扁，左侧股骨头形态尚可，双侧股骨头及右侧颈内见不规则长 T1、长 T2 信号，压脂序列为高信号，髋臼骨质信号欠均匀，周围软组织未见异常。

既往史：既往有支气管哮喘病史，多次接受激素类药物治疗。否认高血压病、糖尿病病史，否认手术、髋部外伤史，否认药物、食物过敏史。

西医诊断：双侧股骨头缺血性坏死（激素性）。

中医诊断：骨蚀，肾虚血瘀证。

治法：补肾壮骨，活血化瘀。

治疗方案：①中药外治。双侧腹股沟区外敷壮骨抗劳散，周围外敷止痛壮骨散。隔日一换。治疗前给予杜五液外搽按摩。②中药内服。口服止痛壮骨胶囊，每次 4 粒，每日 3 次。嘱患者扶双拐活动，避免双髋过度负重。

连续治疗 1 个月后，患者自觉右髋部疼痛已明显减轻，左髋部疼痛已不明显，下蹲、右侧盘腿、穿袜子等动作仍受限，左侧可盘腿、穿袜子。查体见右髋腹股沟处压痛减轻，但仍较明显，右侧"4"字试验（＋），左侧轻微压痛，左侧"4"字试验（±）。治疗 3 个月后，患者右髋轻微疼痛、压痛，右侧"4"字试验（±），左髋无疼痛压痛，左侧"4"字试验（－）。盘腿尚可，下蹲稍受限，可扶单拐行走。复查磁共振成像，与前片相比，右侧股骨头形态无明显变化，左侧股骨头形态尚可，双侧股骨头及右侧颈内见不规则信号降低。

**按语：**皮质激素的广泛应用是引起股骨头缺血性坏死的重要病因，其机制尚不十分清楚，一般认为激素在体内长期蓄积可以造成血液黏稠度增加、血脂水平增高、脂肪栓塞，造成骨的微细血管阻塞、缺血、骨质合成减少及钙吸收障碍，骨质疏松及微细骨折的积累，最后导致激素性股骨头坏死。中医认为激素治疗易耗伤阴液，长期使用可伤害肝肾，耗精伤髓，导致血液瘀滞，骨痿不坚，最终导致股骨头缺血性坏死，故治疗以补肾健髓、活血化瘀为主。

本案患者有多年哮喘病史，多次使用激素类药物治疗，肺肾已虚，致气化无力，气血运行不畅，不能濡养筋骨，髓枯骨萎，发为本病。故本病其本在肾，其标为气血瘀滞。《素问·痿论》曰："肾主身之骨髓……其充在骨。"本病病位在骨，肾虚不能荣养其骨是其根本，只有肾中精气充盛，才能保证髓满骨坚、关节滑利灵活，故在双侧腹股沟区外敷壮骨抗劳散以补肾壮骨，周围外敷止痛壮骨散以活血化瘀、温经通络，从而改善股骨头的局部血液微循环，抑制血管收缩和血小板聚集，促进坏死股骨头的修复，达到标本兼治的目的。

【病案二】患者，男，55岁，工人。

主诉：左髋疼痛2个月。

现病史：患者于2个月前无明显诱因出现左髋部疼痛，未予重视，未接受治疗，随后左髋疼痛逐渐加重，出现跛行、下蹲困难，遂至中医骨伤科就诊。刻下症：患者左髋部疼痛，轻度跛行，不能下蹲，夜间较甚。查体见左侧腹股沟处明显压痛，左髋内旋、外展受限，左侧"4"字试验（+），双下肢肌力、感觉、血运正常。舌质暗红，脉涩。

既往史：既往有饮酒史20余年，高胆固醇血症病史，自服辛伐他汀控制血脂。否认髋部创伤史、激素服用史。否认高血压病、糖尿病、冠心病病史，否认手术史，否认药物、食物过敏史。

西医诊断：双侧股骨头缺血性坏死（酒精性）。

中医诊断：骨蚀，肾虚血瘀证。

治法：补肾壮骨，活血化瘀。

治疗方案：①中药外治。双髋中药熏药治疗，每日一次。左侧腹股沟区外敷壮骨抗劳散，周围外敷止痛壮骨散。每次保留24小时，隔日一换。②中药内服。口服止痛壮骨胶囊，每次4粒，每日3次。建议患者扶双拐活动，减少患肢负重，忌烟酒，控制体质量，忌食肥甘厚味。

连续治疗1个月后，患者左髋部疼痛明显减轻，轻微跛行。查体见左髋腹股沟处压痛明显减轻，左侧"4"字试验（±），右侧无压痛，右侧"4"字试验（-）。治疗3个月后，患者左髋疼痛不明显，左髋轻微压痛，左侧"4"字试验（±），右侧"4"字试验（-）。盘腿尚可，下蹲稍受限，无明显跛行。

按语：酒精性股骨头缺血性坏死患者大多存在长期的饮酒史，且大部分患者有酗酒史。酒精性股骨头缺血性坏死的确切发病机制尚未完全清楚，国内外学者提出了多种假说：①长期过量饮酒导致脂质代谢紊乱；②脂肪栓塞学说；③过量饮酒导致高脂血症和脂肪肝；④过量饮酒导致骨质疏松；⑤过量饮酒导致骨细胞脂肪变性（酒精对细胞的毒性作用）；⑥内源性糖皮质激素水平升高。但到目前为止，还没有一种学说可以完全阐述本病的发病机制。

中医认为，本病多因患者素体肾气亏虚，复由偏嗜饮酒而发病。酒乃食中之精，其性大热有毒，长期过量饮酒，再加肥甘厚味，易于化生湿热，伤及脾胃，运化失职，湿蕴痰聚，日久化热，肝阳炽盛，痰热相搏，阻塞经络，则气血不通，气滞血瘀，经脉受阻，血行不畅，日久及肾，耗气伤阴，筋骨失其养；且酒性辛窜，易耗精伤髓，易致络脉痹阻，终致骨髓失养而发病。故偏嗜饮酒是本病发病的直接原因，而素体肾气亏虚是本病发病的基础，血瘀肾虚为其主要病机，最终导致酒精性股骨头缺血性坏死的发生。

本案患者髋部疼痛，痛有定处，夜间较甚，关节活动受限，舌质暗红，脉涩，属气滞血瘀之证。瘀血阻滞经脉则痛有定处，气滞经脉不畅则髋痛；骨节失于濡养则活动不利。血分属阴，气分属阳，夜为阴，日为阳，故瘀血为病，夜间痛甚。何仁甫治疗此类疾病以活血化瘀、补肾壮骨为法，故应用壮骨抗劳散外敷腹股沟区以补肾壮骨，止痛壮骨散外敷周围以活血化瘀。诸药同用，内外兼顾，标本兼治，虚瘀并重，使肝肾得益，筋骨强健，瘀血得去，经脉通畅，气血循经而行，四肢百骸得以灌注，筋骨得以濡养，故患者疼痛缓解、消失。

【病案三】患者，男，41岁，工人。

主诉：左髋疼痛1个月。

现病史：1个月前，患者在久行后出现左髋部隐痛不适。10天前，患者感左髋部疼痛逐渐加重，夜间刺痛，甚至痛醒，并逐渐出现跛行，遂至中医骨伤科就诊。刻下症：患者感左髋部疼痛，呈刺痛，夜间明显，下蹲、盘腿、穿袜子等动作困难。查体见左髋腹股沟处压痛明显，左髋内旋受限，左侧"4"字试验（＋），左下肢肌力、感觉、血运正常。舌质暗，有瘀点，脉涩。X线片检查提示左侧股骨头密度不均匀，见囊状低密度区，目前未见塌陷，软骨面不规则；髋关节间隙大小正常，关节囊未见肿胀；股骨颈骨折已愈合，股骨颈见内固定螺钉取出后影像；右侧髋关节各骨及骨盆各骨骨质结构完整，密度均匀。

既往史：患者于1年前因外伤致左股骨颈骨折，于四川某骨科医院行手术治疗，4个月前骨折愈合取出内固定物。否认长期大量饮酒史、激素应用史，否认高血压病、糖尿病、冠心病病史，否认药物、食物过敏史。

西医诊断：左侧股骨头缺血性坏死（创伤性）。

中医诊断：骨蚀，血瘀气滞证。

治法：活血化瘀。

治疗方案：①中药外治。左髋中药熏药治疗，外用二通液，左侧腹股沟区外敷消肿止痛散，周围外敷止痛壮骨散。每次保留24小时，隔日一换。②中药内服。口服止痛壮骨胶囊，每次4粒，每日3次。嘱患者扶双拐活动，减少患肢负重，忌烟酒、肥甘厚味。

连续治疗1个月后，患者左髋部疼痛明显减轻，呈隐痛，夜间偶有刺痛感，下蹲、盘腿、穿袜子等动作仍受限，可轻松坐马桶。治疗3个月后，患者症状基本消失，可稍微盘腿，弃拐行走，局部轻微压痛，左侧"4"字试验（±）。复查X线片提示左侧股骨头密度不均匀，见囊状低密度区，范围稍缩小，坏死已控制。

**按语：**创伤性股骨头缺血性坏死是因股骨头血供中断或受阻，引起骨细胞及骨髓成分死亡及随后的修复，继而导致股骨头结构改变、塌陷、关节功能障碍的疾病，临床上多因股骨颈骨折或髋关节脱位所致。中医认为本病系外伤引起脉络瘀阻，血瘀凝滞，瘀久成虚，血虚则筋脉失于濡养，肾气不足则骨失所养，骨不生髓而发为本病。

本案患者发病前有股骨颈骨折病史。《正体类要》言："肢体损于外，则气血伤于内，营卫有所不贯，脏腑由之不和。"机体气血不畅，股骨头周围血脉瘀阻，气血不行，气血不能贯通，脉络不通，经脉失于周流，血液循环障碍，肢体失去濡养，再生和修复能力减弱，从而产生股骨头缺血性坏死。故医者予以外敷消肿止痛散、止痛壮骨散以活血化瘀、祛瘀生新，口服止痛壮骨胶囊以补肝肾、壮筋骨，从而修复筋骨。

## （二十一）骨与关节结核

骨与关节结核是临床常见的感染性疾病，是结核分枝杆菌经呼吸道或消化道侵入人体，通过血液循环到达骨或关节，进而引起骨或关节化脓性破坏性病变的一类疾病，临床治疗以抗结核药物疗法为主。近年来，由于耐药性细菌及城镇化建设导致人口流动性的增加，使骨与关节结核的发病率有所增高。

骨与关节结核可归属于中医"骨痨""附骨痰"等范畴，因其病发于骨，消耗气血津液，导致形体虚累、缠绵难愈而得名。高秉钧在《疡科心得集》中指出："附骨痰者……初起或三日一寒热，或五日一寒热，形容瘦损，腿足难以屈伸，有时疼痛，有时不痛，骨酸漫肿，朝轻暮重。"何仁甫指出骨与关节结核的症状表现复杂，机体正气强弱和治疗方案的得当与否是影响疾病预后的关键因素，因此在辨证时要抓住症状的主要方面，在治疗上标本兼顾，随证化裁，师古而不拘泥于古。

【病案一】患者，男，41岁。

主诉：左髋部疼痛伴活动受限1个月，加重3天。

现病史：患者于1个月前无明显诱因出现左髋部疼痛及下肢行走困难，经成都某医院诊断为左髋关节结核。当地医院建议患者接受手术治疗，患者因患有糖尿病拒绝手术治疗，接受外敷中药等治疗后症状缓解不明显。3天前，患者突感左髋关节疼痛加剧，活动明显受限，遂来中医骨伤科就诊，门诊以左髋关节结核收入院。刻下症：患者入院时神清、体形消瘦，生命体征平稳。查体见左髋部叩击疼痛明显，左髋外展活动受限。苔薄白燥，质淡红，脉浮数。实验室检查提示红细胞沉降率86mm/h，中性粒细胞比率44.24%。X线片检查显示左髋关节间隙模糊，股骨头外侧有虫蚀样破坏，密度不均。

既往史：既往有糖尿病、肺结核病史。

西医诊断：左髋关节结核。

中医诊断：骨痨，正气不足证。

治法：凉血清热解毒。

治疗方案：①标准抗结核三联用药治疗。②外敷抗痨散，隔日一换。③左下肢皮肤牵引，重量2kg，以减轻关节腔压力、缓解疼痛。④口服仙方活命饮加减。

经治疗1个月，患者可以扶拐行走，左髋关节疼痛明显减轻，活动度改善，苔薄白，质淡，脉缓，临床好转出院。

按语：何仁甫治疗骨与关节结核将消除致病细菌和增强自身抵抗力并重，辨证运用清热解毒、凉血活血类药物，以及增强免疫力的药物。本案中，医者施以仙方活命饮加减口服以清热解毒、活血止痛，抗痨散外敷以拔毒消炎，通过中药外敷联合内服，以发挥抑菌、抗炎作用，同时增强患者体质，提高免疫功能，阻断疾病发生、发展，临床疗效显著。

【病案二】患者，女，24岁。

主诉：右膝部疼痛伴活动受限4年。

现病史：患者于4年前运动后出现右膝部肿痛，跛行，经某医院诊断为右膝关节软组织损伤，治疗半个月后基本痊愈，后期因劳动强度大或阴雨天时右膝关节隐痛不适。1年前，患者在成都某医院行X线片检查，发现右膝关节结核。当地医院给予患者口服异烟肼、注射链霉素等治疗两月余，患者夜痛减轻，但膝关节仍不能伸直，扶拐行走，右膝外侧可见破溃，有清稀脓液渗出，口服中药治疗两个月无效，门诊以右膝关节结核收入住院。刻下症：患者入院时神清、体形消瘦，生命体征平稳。查体见右膝部隐痛，膝关节外侧可见一窦道，有清稀脓水渗出，皮温不高，关节屈伸活动不利。舌质淡红，苔薄白，脉细弱。右膝X线片显示右股骨下端及胫骨上端关节面明显骨质破坏，边缘残缺不整，关节间隙不一致性狭窄，关节各组成骨骨质疏松。

西医诊断：右膝关节结核。

中医诊断：鹤膝风，正气不足证。

治法：补气养血，提脓拔毒，收敛生肌。

治疗方案：①中药外敷。先用桑白皮纸搓捻，蘸少许拔毒祛腐丹，再将药捻插入窦道，并剪一小块红油膏贴盖创口，再以少许药棉置于油膏面上，其周围外敷抗痨散。隔日一换。后期待患者疮口脓液减少，创面下陷，疮口肉芽健康时，改用提脓生肌丹以达收敛生肌。②口服阳和汤加减。方用熟地黄、鹿角胶、芥子、麻黄、甘草等药。

治疗1个多月后，患者可以扶拐行走，窦道挤出大量干酪样絮状物，右膝关节疼痛明显减轻，活动度改善，苔薄白，质淡，脉缓，临床好转出院，在门诊继续接受外敷中药结合外用丹剂治疗。随诊治疗8个月后，患者右膝关节结核已治愈，关节面有修复，关节间隙有显示，但已变窄。

按语：本案患者辨证属正气不足，治疗宜以补气养血为主，口服阳和汤加减方治疗。方中熟地黄滋补阴血、填精益髓，鹿角胶补肾助阳、益精养血，两者合用，以温阳养血为先，凸显何仁甫"治骨先治肉"的理论特色；芥子豁痰利气，通络止痛；少佐麻黄以宣通经络，可以开腠理、散寒结，引阳气由里达表，通行周身；甘草生用为使，解毒而调诸药。综观全方，益精气，扶阳气，化寒凝，通经络，温阳补血以治本，化痰通络以治标。病灶处外敷抗痨散治疗以散寒化痰，结合何氏骨科特色外用丹剂以发挥提脓拔毒、收敛生肌的作用。

## （二十二）骨髓炎

骨髓炎是化脓性细菌引起的骨组织感染疾病，属于中医"附骨疽"范畴，因其病变深沉，初期皮色不变，漫肿无头，损害以骨为主而得名。中医学对本病认识由来已久。《灵枢·痈疽》言："热气淳盛，下陷肌肤，筋髓枯，内连五脏，血气竭，当其痈下筋骨良肉皆无余，故命曰疽。"《诸病源候论·附骨痈肿候》言："附骨痈，亦由体痈热，而当风取凉，风冷入于肌肉，与热气相搏，伏结近骨成痈。其状无头，但肿痛而阔，其皮薄泽，谓之附骨痈也。"《诸病源候论·骨疽瘘候》言："骨疽瘘者……初肿，后乃破，破而还合，边旁更生，如是或六七度。中有脓血，至日西痛发，如针刺。"《备急千金要方》言："有久痈余疮败为深疽者，在胻胫间喜生疮，中水、恶露、寒冻不瘥，经年成骨疽，亦名胻疮。深烂青黑，四边坚强，中央脓血汁出，百药不瘥，汁溃好肉处皆虚肿，亦有碎骨出者。"《疮疡经验全书·附骨痈疽论》言："夫贴骨痈者，即附骨痈也，皆附骨贴肉而生，字虽殊而病则一。此症之发，盛暑身热，贼风入于骨节，与热相搏，复遇冷湿所折；或居劳太过，两足下水；或坐卧湿地，身体虚弱而受寒邪。然风热伏结壅遏，附骨成疽，着大骨间。"

何仁甫认为，骨髓炎的发生及病理变化与机体的气血、脏腑、经络等功能强弱有密切关系。本病以肾脏亏虚为本，邪毒内侵、跌打损伤和风寒湿邪外袭为标，肾藏精而主骨生髓，髓能养骨，肾强则骨坚，病邪不易入侵；肾虚则髓不充，病邪乃乘虚而入，故肾脏亏虚，正气不固为本病内因。本病外因多是疮、疖及疔毒脓肿之后，邪毒循经入里，深入筋骨，伏而为脓，脓腐浸淫而骨腐；或因外伤跌打，瘀热内结，阻滞经络而气血不行，酿而为脓；或因风寒湿邪乘虚而入；蕴毒深窜，稽留不行，化热后腐筋蚀骨而为病；脓毒流注，可溃破而出朽骨，或形成漏管，迁延不愈。综而观之，无论是急性还是慢性骨髓炎，始终以"正盛邪弱"为主要病机特点。

【病案一】患者，男，9岁。

主诉：右小腿疼痛20天，活动受限半个月。

现病史：患者于20天前因外感后出现右小腿肿胀疼痛，在成都市某医院诊断为右胫骨上段急性化脓性骨髓炎，接受静脉滴注抗生素治疗6天后症状缓解，仍感右小腿肿胀疼痛，院外建议手术治疗。患者家属拒绝手术，遂求治于中医。刻下症：患者右小腿疼痛明显，跛行，右膝关节活动困难，右小腿压痛明显，右膝关节外观未见明显畸形、肿胀，皮温正常，生理反射存在，病理反射未引出。患者仍有咳嗽、咳痰，发热，口干欲饮。舌淡红，苔薄黄，脉浮数。血常规提示白细胞计数 $16.26×10^9$/L，中性粒细胞比率85.24%。X线片检查见右侧胫骨骨质改变，周围软组织肿胀，考虑急性血源性骨髓炎。

临床诊断：右股骨上段急性血源性骨髓炎。

中医诊断：附骨疽，血凝毒聚证。

治法：清热解毒，活血通络。

治疗方案：①中药外敷。右小腿外敷透骨拔毒散，隔日一换。②五味消毒饮加减口服。处方：金银花20g，连翘20g，牛蒡子10g，桔梗10g，苦杏仁10g（后下），浙贝母10g，瓜蒌皮15g，黄芩片10g，鱼腥草30g，蒲公英20g，紫花地丁20g，芦根30g，川牛膝10g，赤芍10g，山楂10g，皂角刺10g，甘草片5g。4剂，水煎服，每日1剂。

二诊时患者自诉咽痛、发热缓解，偶尔咽痒、咳嗽、咳痰，纳呆，右小腿部疼痛明显缓解。查体见体温36.8℃，心率86次/分，右小腿压痛明显缓解，活动自如。苔薄白，舌根稍黄腻，质淡，脉缓。复查血常规提示白细胞计数 $6.26×10^9$/L，中性粒细胞比率64.24%。辨为脾虚生痰夹湿热证，继续配合外敷透骨拔毒散治疗，每日一次。内服方以托里消毒散加减口服。

处方：川木香10g，砂仁6g（后下），法半夏10g，橘红10g，黄芪15g，太子参15g，白术10g，苍术10g，茯苓15g，金银花20g，连翘20g，紫花地丁15g，蒲公英15g，川牛膝10g，白花蛇舌草15g，当归10g，皂角刺10g，徐长卿5g（后下），炙甘草5g。4剂，水煎服，每日1剂。

三诊时患者咳嗽明显缓解，偶尔咳痰，右小腿疼痛明显缓解。查体见右小腿关节压痛不明显，床上活动自如。苔薄白，舌根稍黄腻，舌质淡胖，脉缓。继续配合外敷透骨拔毒散治疗，每日一次。中药内服方在二诊方基础上去连翘，加赤芍、半枝莲各 10g。4 剂，水煎服，每日 1 剂。

四诊时患者病情稳定，右小腿关节疼痛缓解。查体见右小腿叩痛、压痛不明显，右小腿活动自如。苔薄白，舌根稍黄腻，舌质淡，脉缓。在前方基础上加减用药，继服 16 剂。

患者治愈出院。半年后随访，患者右膝关节活动自如。

**按语：** 急性血源性骨髓炎是一种由化脓性细菌经血行传播引起的骨髓急性感染性疾病，通常好发于儿童长骨干骺端。小儿骨骺和干骺端的血运彼此不直接通连，干骺端营养动脉的分支末端折回呈小袢状，再注入窦内较大静脉。该处血流速度减慢，成为致病菌繁殖的理想条件。本案患者初期正盛邪弱，故治疗以清热解毒、和营通络为法，中药内服方用五味消毒饮加减；当发热已退时，中药内服方改为托里消毒散加减以补益气血、祛毒消肿；同时外敷透骨拔毒散以拔毒、提脓、消炎。本案患者经中药内服、外敷治疗而痊愈，且远期疗效良好。

**【病案二】** 患者，女，60 岁。

**主诉：** 右大腿伤痛伴活动受限 7 个月。

**现病史：** 患者 7 个月前在工作时发生右股骨骨折，经外院手术及术后换药治疗，但手术切口创面一直未完全愈合。近 5 个月来，患者右大腿部疼痛，跛行，在某院治疗后疼痛减轻，伤口基本愈合。3 个月前，患者感右大腿阵发性疼痛，且较前加剧，右大腿后下 1/3 处有拳头大小的肿块，漫肿无头，皮色不变，半个月后肿块处皮色逐渐发红并自行破溃，治疗半月余疮口不愈合，经 X 线片检查诊为右股骨慢性骨髓炎。当地医院建议行手术治疗，患者本人不同意，遂来中医骨伤科就诊。刻下症：患者右大腿后侧红肿疼痛，活动稍稍受限。查体见右侧大腿局部压痛明显，右大腿后下 1/3 处有一瘘管，深 8cm，流稀脓水，瘘管周围白肿而痛甚，及探针试疮口内可直达骨髓腔。面黄，舌淡，苔薄白，脉沉细无力。

**既往史：** 既往有糖尿病病史。

**西医诊断：** 右股骨慢性骨髓炎。

**中医诊断：** 附骨疽，肾虚血亏、寒湿凝滞、伤筋蚀骨证。

**治法：** 补肾健脾，益气养血，温经散寒。

治疗方案：①中药外敷。先用药捻蘸少许拔毒祛腐丹，将药捻插入右腿瘘管，并剪一小块红油膏盖贴疮口，再以少许药棉（所贴油膏大小）置于油膏面上，其周围外敷透骨拔毒散。每日一换。②云茴汤加减口服。处方：威灵仙 15g，小茴香 10g，桂枝 10g，黄精 30g，熟地黄 30g，干姜 6g，制附片 15g（先煎），白术 15g，茯苓 30g，炙甘草 6g。6 剂，水煎服，每日 1 剂。

治疗 1 周后，患者右大腿瘘管渐愈合，疮面下陷，疮口肉芽健康。继续外敷透骨拔毒散治疗，外用丹剂改用提脓生肌丹，疮口处仍用药捻引流。治疗 71 天后，患者疮口愈合良好，行走正常，精神饱满，饮食、睡眠如常。随访 1 年未复发。

**按语：**本案患者属慢性骨髓炎，经抗菌药物治疗后病情未得到控制，临床表现呈一派虚象，瘘管周围漫肿而痛，发展缓慢，时流清稀脓水，伴腰酸肢冷，舌淡脉沉细无力。此皆为肾虚骨寒，气血不足，寒湿凝滞，伤筋蚀骨之象，治宜补肾健脾，益气养血，温经散寒，予以云茴汤加减口服治疗。方中制附片大辛大温，能温经通络、祛散骨寒，熟地黄与黄精同用，功在养血旺血，威灵仙、桂枝、干姜、小茴香俱能散寒止痛，白术、茯苓健运脾胃以理生化之源，炙甘草调和诸药。同时配合使用何氏骨科特色外用丹剂以提脓拔毒、行气活血、化瘀生肌，最终患者得以康复。

## 二、何氏骨科专方专药

### （一）外敷散剂

#### 1. 消肿止痛散
组成：当归尾、川芎、红花、赤芍、青皮、茜草、乳香、三七、桃仁。
功效：行气活血，消肿止痛。
主治：闭合性骨折、软组织损伤所致肿痛。

#### 2. 续断接骨散
组成：当归、川芎、三七、杜仲、续断、土鳖虫、乳香、血竭。
功效：接骨续筋。
主治：闭合性骨折、脱位的初期和中期。

### 3. 肩舒散

组成：羌活、姜黄、白芷、当归尾、川芎、红花、赤芍、天麻、秦艽。

功效：祛风散寒。

主治：肩周炎、肩关节功能障碍。

### 4. 止痛壮骨散

组成：杜仲、三七、续断、木瓜、天麻、五加皮、肉桂。

功效：活血化瘀，温经通络。

主治：陈旧性软组织损伤或骨伤、久治不愈的筋骨病。

### 5. 软坚散结散

组成：当归、川芎、红花、赤芍、制川乌、海藻、昆布、芥子、甲珠（需用代用品）。

功效：软坚散结。

主治：骨质增生、颈椎病、骨化性肌炎。

### 6. 逐痹强筋散

组成：当归、川芎、红花、赤芍、制川乌、制草乌、肉桂、辽细辛、天麻。

功效：益肝柔筋，养血调气。

主治：肌无力、营养不良、韧带松弛。

### 7. 松痉解凝散

组成：海藻、昆布、芥子、肉桂、白芷、当归尾、辽细辛、秦艽。

功效：松解粘连，解除痉挛。

主治：损伤性关节僵硬、软组织粘连。

### 8. 壮骨抗劳散

组成：当归、黄芪、杜仲、续断、三七、木瓜、川芎、脆蛇、血竭。

功效：强筋健骨。

主治：骨软骨炎、陈旧性骨关节损伤、半月板损伤。

### 9. 风湿痹痛散

组成：羌活、独活、当归、川芎、草乌、乳香、辽细辛、天麻、三七。

功效：祛风除湿，通络止痛。

主治：神经痛、筋膜损伤、深部软组织损伤。

### 10. 逐阴散

组成：当归、白芷、陈皮、赤芍、天麻、石菖蒲、三七、威灵仙。

功效：搜风逐寒，通阳宣痹。

主治：类风湿性关节炎、痛风。

### 11. 生骨散

组成：当归、潞党参、杜仲、续断、三七、血竭、海马、脆蛇、象皮。

功效：健骨补骨，益精填髓。

主治：骨折迟缓愈合。

### 12. 通督散

组成：当归、川芎、蜈蚣、全蝎、甲珠（需用代用品）、大血藤、木通、天麻。

功效：活血化瘀。

主治：外伤性截瘫、神经损伤、神经麻痹。

### 13. 抗痨散

组成：天南星、半夏、川贝母、白及、白芷、芥子。

功效：消核化痰。

主治：骨结核。

### 14. 固肾壮骨散

组成：独活、木瓜、秦艽、杜仲、三七、续断、当归、血竭、鹿角胶。

功效：补肝肾，壮筋骨。

主治：无菌性骨坏死、股骨头骨骺骨软骨炎。

### 15. 解毒消炎散

组成：当归尾、生地黄、白芷、川芎、牡丹皮、黄柏、菊花、紫花地丁。

功效：清热凉血，解毒消炎。

主治：痈、疽及蜂窝织炎。

### 16. 透骨拔毒散

组成：大黄、白芷、黄柏、紫花地丁、大戟、芫花、羌活。

功效：提脓拔毒消炎。

主治：骨髓炎、骨感染。

## （二）内服胶囊类

### 1. 接骨续筋胶囊

组成：续断、脆蛇、骨碎补、当归、杜仲、潞党参、土鳖虫、血竭。

功效：接骨续筋。

主治：骨折、筋断。

### 2. 肿痛宁胶囊

组成：当归尾、红花、赤芍、三七、青皮、桃仁、陈皮、川芎。

功效：行气消瘀止痛。

主治：新鲜骨折、软组织损伤。

### 3. 止痛壮骨胶囊

组成：杜仲、枸杞、怀牛膝、桑寄生、当归、三七、天麻。

功效：补肝肾，壮筋骨。

主治：肾虚腰痛、陈旧性骨折、骨质增生、无菌性骨坏死。

### 4. 追风除湿胶囊

组成：独活、羌活、威灵仙、川乌、草乌、辽细辛、秦艽、木瓜、防风、当归、川芎。

功效：祛风除湿，舒筋通络。

主治：风寒湿痹、风湿性关节炎、坐骨神经痛。

## （三）内服酒剂

### 1. 杜仲养元液

组成：杜仲、枸杞、怀牛膝、桑寄生、当归、三七、海马。

功效：补肝肾，壮筋骨。

主治：肾虚腰痛、陈旧性损伤、腰腿痛、骨坏死。

### 2. 芎花液

组成：当归尾、川芎、红花、赤芍、三七、桃仁、青皮、乳香。

功效：行气消瘀止痛。

主治：新鲜骨折、软组织损伤、肿痛。

### 3. 红三液

组成：杜仲、秦艽、三七、当归尾、红花、赤芍、川芎、伸筋草。

功效：舒筋活络止痛。

主治：陈旧性软组织损伤或骨伤、神经痛。

### 4. 天茵液

组成：天麻、茵陈、秦艽、当归、红花、赤芍、川芎、羌活。

功效：祛风散寒除湿。

主治：风寒湿痹、风湿性关节炎、坐骨神经痛。

## （四）外用酒剂

### 1. 杜五液

组成：羌活、天麻、秦艽、制草乌、制川乌、木瓜、油松节。

功效：祛风散寒除湿，活血舒筋。

主治：风寒湿痹、陈旧伤。

### 2. 二通液

组成：三七、当归尾、红花、赤芍、青皮、川芎、陈皮、桂皮。

功效：消瘀止痛。

主治：闭合性新鲜骨折、软组织损伤。

## （五）外用膏剂

### 1. 消肿止痛膏

组成：川芎、当归、茜草、青皮、红花、麻黄、冰片。

功效：行气活血，消肿止痛。

主治：闭合性新鲜骨折和软组织伤。

### 2. 强腰壮骨膏

组成：当归尾、川芎、红花、赤芍、三七、桃仁、青皮、乳香。

功效：活血化瘀，温经通络，补肾壮骨。

主治：陈旧性软组织损伤、筋骨病、骨质增生、无菌性骨坏死。

### 3. 风湿痹痛膏

组成：草乌、辽细辛、羌活、当归、独活、乳香、没药、天麻。

功效：祛风散寒除湿，通络止痛。

主治：筋膜损伤、神经痛、深部软组织伤。

### 4. 红油膏

组成：血竭、象皮、赤芍、凡士林。

功效：活血消炎、生肌敛口。

主治：骨髓炎、骨结核局部溃破或有窦道者。

## （六）熏洗剂

### 1. 上肢舒筋汤

组成：桑枝、姜黄、羌活、白芷、油松节、秦艽、辽细辛。

功效：舒筋活络。

主治：上肢损伤后期的各种功能障碍。

### 2. 下肢舒筋汤

组成：独活、木瓜、秦艽、牛膝、油松节、透骨草。

功效：祛风除湿，舒筋活血。

主治：下肢损伤后期的各种功能障碍。

### 3. 松白活节汤

组成：桂枝、羌活、独活、油松节、海藻、昆布、当归尾。

功效：舒筋活血。

主治：关节骨质损伤后期的功能障碍、骨质增生。

### 4. 消炎克敏汤

组成：生地黄、白芷、牡丹皮、黄柏、蝉蜕、桑白皮、牛膝。

功效：消炎止痛，抗过敏。

主治：对外敷散剂过敏者。

## （七）外用丹剂

### 1. 提脓生肌丹

组成：炉甘石、三七、珍珠、乳香、没药、龙骨。

功效：行气活血，化瘀生肌。

主治：骨髓炎、骨结核局部破溃者。

## 2. 拔毒祛腐丹

组成：麝香、冰片、白及、鸢脚爪。

功效：提脓拔毒。

主治：骨髓炎、骨结核局部破溃者。

## 3. 平胬丹

组成：轻粉、硇砂、冰片、五倍子、乌梅肉。

功效：化瘀祛腐。

主治：骨髓炎、骨结核局部有胬肉者。

# 学术思想

川派中医药名家系列丛书

何仁甫

## 一、何仁甫学术思想溯源

何仁甫熟读经典，其学术思想及医理医技深受蒙医骨伤科、中医骨伤科、兵家及少林伤科、道家医学及现代医学影响，且善于融会贯通，故能自成体系，开宗立派，传于世人。本文将从以下五个方面对何仁甫学术思想进行溯源。

### （一）蒙医骨伤科

何氏骨科起源于蒙医骨伤科。据《蒙古族世医特呼尔氏史略》记载，何氏骨科由何氏先辈蒙古族特呼尔氏创立，特呼尔氏系蒙古族医武世家，每代均有任军中医官者，迄今已有三百余年历史。何仁甫为何氏骨科第四代传人，在治疗手法和药物选用方面均保留了蒙医骨伤科特色。

关于蒙医学的起源，目前无文献资料可考。关于北方游牧民族的早期医疗活动记载，散见于历代典籍之中。《素问·异法方宜论》中有"北方者，天地所闭藏之域也，其地高陵居，风寒冰冽，其民乐野处而乳食，脏寒生满病，其治宜灸焫。故灸焫者，亦从北方来"的说法。《三国志》记载："乌丸者，东胡也……俗善骑射，随水草放牧，居无常处，以穹庐为宅，皆东向。日弋猎禽兽，食肉饮酪，以毛毳为衣……有病，知以艾灸，或烧石自熨，烧地卧上，或随痛病处，以刀决脉出血，及祝天地山川之神，无针药。"以上提到的治疗方法都是当时北方游牧民族极具特色的治疗手段。

骨伤科是蒙医学的主要优势学科。我国骨伤科发源很早，唐代已有专书出现。虽然其在我国各地传习沿用，但唯独蒙古族较为重视。由于蒙古族人好骑射搏击，发生骨折、脱位等疾病较多，故蒙医在正骨治伤方面积累了丰富的经验，骨伤科发展迅速。正骨术是蒙医学的特色技术，以蒙医基础理论为依据，用手法整复、白酒按摩、夹板固定的方法来治疗骨折，方法具有痛苦少、疗程短、骨折愈合快等优点。清代，清政府在内务府上驷院中设绰班处，纳"蒙古医士"，专治骨伤科疾病，太医院正骨科亦划归上驷院蒙古医生长兼充。至此，太医院也成为培养蒙、满、汉等各族正骨医生的高等教育机构。蒙医学得到空前发展，涌现出了大量的蒙医学家和蒙医学著作。

何氏先辈因随军转战全国各地，积累了丰富的骨伤科疾病治疗经验，并在此过程中广泛接触满、汉、回族文化，在全面继承蒙医骨伤科技术基础上，逐渐融各族医学及武学为一体，经数代人不断总结和发展，最终形成了独具特色的何氏骨科学术流派。

## （二）中医骨伤科

中医骨伤科历史悠久，源远流长。《史记·扁鹊仓公列传》载："上古之时，医有俞跗，治病不以汤液醴酒、镵石挢引、案抏毒熨，一拨见病之应，因五脏之输，乃割皮解肌，抉脉结筋，搦髓脑，揲荒爪幕，湔浣肠胃，漱涤五藏，练精易形。"说明中医在上古时期已经广泛开展外科治疗方法。《周礼·天官冢宰第一·叙官》将医师分为食医、疾医、疡医、兽医四类，其中疡医"掌肿疡、溃疡、金疡、折疡之祝药，刮杀之齐"。纵而观之，中医骨伤科基础理论大致形成于战国、秦汉，进步于三国、两晋、隋唐，发展于宋金元，兴盛于明清时期。何氏先辈自清代从军入关，后定居巴蜀，经过数代繁衍，其生活方式已深受汉文化影响。同时，何氏先辈将蒙医骨伤科技术与中医骨伤科理论紧密结合，逐渐形成了独具特色的何氏骨科医学。

何仁甫重视研读经典，提出"《内》《难》经典及历代骨科外科专著必读"的观点，在手稿及临证处方中多引用《黄帝内经》理论。《黄帝内经》作为我国最早的一部医学典籍，较全面、系统地阐述了人体解剖、生理、病理、病机、诊断、治疗等医学内容。《黄帝内经》未明确提出骨伤科疾病这一概念，但对于临床常见的堕坠、击仆、举重等病因所致的损伤均有相关记载，强调急性损伤后多有"恶血留内""折脊""折髀""折腰"等病理特征。此外，"风、寒、湿三气杂至，合而为痹""治痿独取阳明"等《黄帝内经》医学理论至今仍指导着骨伤科疾病的临床治疗。

蔺道人所著《仙授理伤续断秘方》是我国现存最早一部中医骨伤科专著。书中记载的骨折诊断、牵引复位、夹板固定、清创缝合、用药次序等骨伤科疾病治疗技术及七步治疗方法，对后世骨科发展影响深远。何仁甫在治疗骨伤科疾病时运用的牵引复位、敷药固定、定期复查、隔日换药及夹板、粘膏等次第运用等方法均能在蔺道人的著述中找到依据，体现了其"依法古人，用于现实"的理念。

何仁甫依经据典，去繁就简，将骨伤科疾病分为"骨伤""骨病"两类，再将骨伤分为"软伤""硬伤"两类。从医学发展的角度来看，此分类方法固然略显粗放，但符合当时的历史背景、科技水平和中医骨伤科的特点。宋·陈无择《三因极一病证方论》言："医事之要，无出三因……倘识三因，病无余蕴。"何仁甫由此提出，如果说中医内科注重"首辨阴阳"，中医骨伤科则应当"首辨伤病"。只有首先明确疾病属于骨伤还是骨病，才能论及八纲辨证、气血津液辨证等分型。此外，何仁甫推崇徐灵胎"凡言外科者，未有不本于内科者也，若不深明内科之旨，而徒抄袭旧方以为酬应，鲜有不蹈橐驼肿背之诮矣"之论，提出"内科之理即骨科之理，内科之药即骨科之药"的观点。此外，何仁甫提出："历代骨科外科专著版本繁杂，当认真选择，避免误读疏漏或谬误之版本。如读明代《外科正宗》的后世版本，应读清代徐大椿批注的《徐批外科正宗》。"由此可见，何仁甫不仅博览群书，而且善于对所读经典加以甄别，取其精髓而用之。

### （三）兵家伤科及少林伤科

兵家伤科源自战争中刀剑枪伤的救治，主要见于军医或行伍出身的医家撰写的伤科论述及医籍。两军对垒之际，刀枪无眼，水火无情，军士难免受伤，故兵家伤科专擅治疗金疮、箭镞、跌扑坠马、骨伤、筋伤及创口感染等疾病。

前文已述，何氏先辈蒙古族特呼尔氏系医武世家，每代均有人在军中担任医官。公元 1644 年，清摄政王爱新觉罗·多尔衮统兵入山海关，时任军中医官的何氏先辈亦随军迁徙。公元 1718 年，因与准噶尔作战，清政府调荆州驻防八旗官兵三千名进驻四川，何氏先辈随军到成都。1721 年战事平息，何氏先辈随选留官兵匠役永驻成都，定居西蜀少城（今成都市柿子巷）。其第三代传人何兴仁，曾任成都西校场八旗军医官。由此可见，兵家伤科是何氏骨科的重要组成部分。因外科消毒技术不成熟，古代受伤军士常出现创口感染而发为疮疡痈疽。何仁甫继承家学，在治疗此类感染性疾患，特别是骨髓炎、骨结核等感染性骨病方面颇有独到之处。此外，何仁甫在骨伤手法使用及临证遣方用药方面，颇有排兵布阵、运筹帷幄的大将风范，亦与历代何氏先辈及何仁甫本人的行伍经历密切相关。

少林伤科是少林武术的衍生产物。少林寺以武术闻名，少林武僧在修习少林功夫和打斗过程中难免受伤，因此积累了丰富的治伤经验。少林武僧多擅长拳脚棍棒，而不用刀、剑等金刃，因此所受或所致之伤亦多为筋伤和内伤。其施治方法以"少林寺秘传内外损伤方""点穴疗法"和"正骨""理筋""夹缚""导引""功能锻炼"等治疗和康复术为主。随着少林武术传遍全国，少林伤科亦被广泛应用于军事训练、战场急救和后期治疗中，成为兵家伤科的重要组成部分。

何仁甫崇尚武学，青年时期先后拜满族骨科名医开长斋、蒙古族骨科名医春三爷和著名回族拳师马震江、马镇江为师，习武多年，内功深厚，为其推拿和正骨手法奠定了坚实基础。据其传人何天佐介绍，某日何仁甫与其师开长斋行至成都老南门大桥，遭遇几名言语不逊的学子。开长斋未与其争论，挥手轻拍桥头石墩后便拂袖而去。旁人细观青石已龟裂，无不大惊，学子亦羞愧而遁。在临床实践中，何仁甫将少林伤科和兵家伤科融合起来，灵活应用治伤秘方、点穴按摩、以指代针等方法治疗骨伤科疾病，临床疗效显著。其手法要诀"气沉丹田，力透肱腕，劲达指端，视之不见，触之如电"正是将武学内功与医学手法相结合的最好体现。

## （四）道家医学

从中国骨伤科的发展历史可知，其与道家医学密切相关。道家的动静观、外用丹剂及导引术至今仍应用于骨伤科临床。

炼丹术是道家的特色修炼方法，也是化学实验的雏形。《神农本草经》中已有用汞、砷制剂治疗疾病的记载。魏伯阳所著《周易参同契》是我国最早的系统论述炼丹的经籍，书中记载了汞、铅等金属的化学性质、化学反应、提炼方法，以及"还丹"（氧化汞）的炼制方法。葛洪所著《抱朴子内篇》记载了不少炼丹技术与方法，被认为是集汉魏以来的炼丹术之大成者。明清时期是运用外用丹剂的鼎盛时期，"红升丹""白降丹"作为外用丹剂的代表，是中医外科重要药物。

何仁甫师从成都当地名医徐寿仙，得其真传，对道家思想及中医外科治疗方法认识深刻，常谓："疡医若无红、白二丹，决难立刻取效。"何仁甫在治疗外科疮疡方面方法独到，常使用外敷、内服药配合外用丹剂治疗各类骨伤科疾病，临证用药灵活机变，每获良效。其传人何天佐在《何氏骨科学》中详细记载了骨髓炎、骨结核的治疗方法，并介绍了红油膏和外用丹剂的临床应用。相关技术至今仍在其创办的骨科医院使用，因其传承有序、疗效突出，得到国家中医药管理局相关领导的高度评价。

## （五）现代医学

何仁甫所处时代正是多民族融合、传统文化与现代科学交汇的时期。自"西学东渐"以来，中国的社会、文化环境均发生了深刻变化。这些变化同样也会反映在中医骨伤科的发展过程之中。

何仁甫幼年启蒙于私塾，后就读成都储才中学，中学毕业后曾入成都春熙路基督教青年会学习英文，合格后由该会推荐到华西协和医院（今四川大学华西医学院）学习，一方面孜孜不倦地汲取西医理论知识，另一方面将中医古籍中关于解剖、生理的论述加以整理学习，并与西医解剖学知识相互印证。通过系统学习西医学知识，何仁甫对于骨骼、软组织的生理、病理，肌腱、韧带的起止走向，骨伤科疾病"筋、骨"病理变化，软组织对骨折、脱位的影响等问题形成了深刻理解，在骨伤科疾病的诊断，骨折的手法整复、固定、恢复等方面形成了独特认识。

何仁甫认为，中医文献对于人体解剖学知识的记载颇丰，但受到文化背景、理论体系、研究方法等方面的限制，其描述相对粗放，且带有很强的主观性。经现代解剖学、影像学证实，中医对于人体解剖的描述与实际情况存在一定出入，且对于运动系统、循环系统、神经系统的认识均存在不足。现代医学的医学影像技术为骨伤科疾病的临床诊断、治疗提供了客观依据。在何仁甫所处时代，有条件的中医骨伤科医师都会学习西医诊断知识，利用 X 线片辅助诊断骨伤科疾病，以提高诊疗水平。值得重视的是，限于当时历史条件，X 线片诊断技术尚不完备，传统骨伤科诊断技术仍具有广泛的适用性及不可替代性。因此，何仁甫主张诊病"须中西合参"，尤为强调汲取西医仪器检测之长处，但同时须结合临床症状细审，不可依赖仪器，最终形成了其兼具中西医特色的医学诊疗思想。

综上所述，何仁甫能在特定的历史时期，在成都这座医学发达、名家众多的历史名城中脱颖而出，独树一帜，造福一方，具有深刻的原因。一方面，何仁甫继承世代传习的何氏骨伤医学，深受蒙医骨伤科、中医骨伤科、兵家伤科与少林伤科、道家医学和现代医学的影响，融会贯通，博采众家之长；另一方面，何仁甫博览群书，潜心于经典；四处拜师，求教于贤德；衷中参西，融汇于古今，从而使其理法方药自成体系，成为一代中医骨伤科大家。

## 二、将辩证思维应用于骨伤科疾病诊治

骨伤科疾病的特点之一就是同一疾病有多种分型，因此要正确把握骨伤科疾病的诊断和治疗方法，就必须做到具体问题具体分析。辩证思维是唯物辩证法在思维中的运用，在医学实践中发挥着重要指导作用。作为一名骨伤科医生，应自觉地将辩证思维运用于临床工作中，根据患者的实际情况，分清其主要矛盾和次要矛盾，用运动、变化、发展的观点判断患者病情变化及预后转归，并对其做出针对性的处理。

何仁甫基于辩证思维对中医骨伤科理论中的气与血、筋与骨、局部与整体、内治与外治、手法与药物等概念进行了梳理，并提出"当辨筋伤骨伤、气伤血伤。孰轻孰重，药有轻重之别；其或异病同治，同病异治"的临证思路，为后来者学习中医骨伤科提供了坦途。

### （一）气血与经络脏腑

气血学说是中医理论体系的核心之一，又是中医骨伤科理论的重要组成部分，为骨伤科疾病的诊断、治疗提供了理论依据。对从事中医骨伤科工作的医生而言，悉习气血学说实属必要。

气血学说认为人体内气血周流不息，外可温煦皮肉筋骨，内可灌溉五脏六腑，维持人体正常生命活动。《血证论·吐血》指出："气为血之帅，血随之而运行，血为气之守，气得之而静谧。"气与血相辅相成，互相依附，如气滞则血瘀，气虚则血脱，气迫则血走。反之，血凝则气滞，血虚则气虚，血脱则气亡。唐代骨伤科医家蔺道人是将气血学说应用于骨伤科疾病治疗的典范。其学术思想源于《黄帝内经》《难经》，并继承发展了葛洪《肘后备急方》等骨伤科方面的学术成就，以其独特治伤理论与临床实践，承前启后而著称于世。蔺道人提出"凡伤

重者，未服损药先服气药"，使气行则血行，意即先匀气血之常。何仁甫认为骨伤科疾病无论是伤筋、伤骨或筋骨同伤，临床上通常表现为气血俱损，或有所偏重。

何仁甫尤其推崇《正体类要》"肢体损于外，则气血伤于内，营血有所不贯，脏腑由之不和，岂可纯任手法，而不求之脉理，审其虚实，而施补泻哉"的观点，认为骨伤科疾病虽属局部伤病，但人体作为一个有机的整体，其气血、经络、脏腑和筋骨是互相联系和互相影响的。骨能支持人体，保护内脏；筋能约束骨骼，构成关节，筋骨依靠气血和肝肾的精气得以充养。人体遭受暴力影响后，无论外损皮肉筋骨，或内伤脏腑经络，一定会引起气血变化。《证治准绳·疡医》曰："盖打扑坠堕……又察其所伤，有上下轻重浅深之异，经络气血多少之殊。"《杂病源流犀烛·跌扑闪挫源流》曰："跌扑闪挫，卒然身受，由外及内，气血俱伤病也。"由此可见，外伤筋骨，必内损气血，气血不畅，必然导致脏腑失于濡养。《灵枢·九针论》云："心主脉，肺主皮，肝主筋，脾主肉，肾主骨。"指出脏腑与皮肉、筋骨血脉有密切的关系。人体一旦遭受损伤，则经脉受损，气血离经，瘀血积聚，而为肿痛，筋骨不得充养。肝肾与筋骨内外相合，筋骨受伤，必内及肝肾。《素问·刺要论》言："筋伤则内动肝……骨伤则内动肾。"气血、肝肾能充养筋骨，若气血、肝肾发生病变，亦可导致筋骨失养。反之，筋骨损伤后更需要气血、肝肾充养以修复损伤，久之势必导致气血、肝肾亏损。因此，通过适时调整气血和肝肾精气，可以促进骨伤科疾病康复。

何仁甫将骨伤科疾病分为骨伤与骨病，认为"气伤痛，形伤肿"讨论的是骨伤或筋伤的病理变化。正如《素问·阴阳应象大论》言："气伤痛，形伤肿。故先痛而后肿者，气伤形也；先肿后痛者，形伤气也。"《难经·二十二难》亦云："气留而不行者，为气先病也；血壅而不濡者，为血后病也。"此外，骨病的致病因素复杂，发病机制多与外伤无关，故在诊断治疗过程中，其理法方药与经络、脏腑的关系更加密切。何仁甫提倡辩证地认识"伤气、伤形"与"气伤、形伤"的关系，指出前者将损伤作为致病原因，将气和血的损伤作为病理结果；后者则仅仅是对病理结果的描述而未涉及病因，可以理解为"气病、血病"。此外，临证当分清致病原因和发病部位。气病可有气闭、气逆、气滞、气虚、气脱等症，血病可有留血、瘀血、结血、亡血，血虚、血热、血寒等症；外力伤害可致气血病，风寒湿热杂痹可致气血病，脏腑不和亦可导致气血病。厘清原因，对证治疗，方能取得良效。因此，何仁甫跳出了传统骨伤科"重骨伤、轻骨病""重手法、轻药物"的窠臼，创造性地将气血与经络、脏腑联系起来，认为凡痛、痒、麻、木、冷、热、有力、无力、紧张、松弛等都是气的表现；而肿胀、凹陷、长出、短缩、青紫、瘀血等都是形变的标志。如外伤在肺，伤气可见胸闷胀满、咳呛时作，伤血则可见咳血、喘咳，此乃血乘于肺。外伤在肝，伤气则肝郁气滞，胁肋胀痛，伤血则腹胁痛，严重者亡血外泄，血脱而致死亡。外伤在肾，伤气可见闪腰岔气作痛，伤血可损及其气化功能，影响其主司二便之功，久则肾气衰，不能生精化髓，合骨主耳之职。

何仁甫重视气血在疾病诊断方面的作用，认为骨伤科疾病当首辨是以伤血为主，还是以伤气为主，或是气血同伤。伤气可有气滞，如营卫气滞可导致肌肉间作痛；伤血则有血瘀，如瘀血在内，可导致肚腹作痛或大便不通，瘀血在外则见"肿暗"。伤气可有气滞，如营卫气滞可导致肌肉间作痛；伤血则有血瘀，如瘀血在内，可导致肚腹作痛或大便不通，瘀血在外则见"肿暗"。以伤气为主者，常疼痛较剧，且痛无定处，或窜痛，或疼痛呈游走性；以伤血为主者，常肿胀较剧，疼痛固定，夜间尤甚；气血两伤者，则气滞血瘀，肿痛兼作。

何仁甫在治疗骨伤病时更是充分应用气血学说，善用中药散剂外敷，常用活血化瘀药配伍行气通络药，同时按照三期辨证论治，早期行气活血、消肿止痛，中期接骨续筋、补养气血，后期补肝益肾、强筋壮骨。此外，何仁甫认为气血乃病之根源，临证处方强调健脾胃、补肝肾。脾主肌肉、肝主筋、肾主骨，补脾以生肌长肉，益气血生化之源，有助损伤修复而收全功；补肝以充养气血，则筋健而有力，有利于脊柱关节稳定；滋肾以壮先天之本，肾之精气旺盛则骨强，有利于骨折的愈合，同时减少骨折再次发生的风险。如治疗骨髓炎时，何仁甫早期使用清热解毒、凉血活血之剂，方选五味消毒饮或仙方活命饮加减；后期使用补养气血、托里透脓配合清热解毒之剂，方选八珍汤或者托里透脓散加减。

《灵枢·缪刺论》言："人有所堕坠，恶血留内，腹中满胀，不得前后，先饮利药。此上伤厥阴之脉，下伤少阴之络。"此证常见于胸腰椎压缩性骨折。中医认为本病易出现腑实证或蓄血证，症见纳呆、胸闷、腹胀痛、恶心呕吐、二便不通、心烦失眠、全身不适等。盖因胸腰椎骨折后瘀血停留于腹后壁，遇久而生热，产生浊气，积聚于内，腑气不通，则发为腹胀。现代医学认为，脊柱骨折后瘀血于腹膜后形成血肿，刺激交感神经干，使交感神经兴奋，从而抑制胃肠活动，使胃肠蠕动减慢，肠内容物的下行也随之减慢，肠内积气形成麻痹性肠梗阻，从而导致大便秘结，腹部胀痛。何仁甫指出，治疗胸腰椎骨折所致胸腹胀痛、大便不通当选用当归导滞散或桃核承气汤加减，即在行气活血化瘀基础上使用泻下剂，以达到去恶血、消积气、通大便之功。若动辄使用大黄、芒硝之类峻猛攻下药，则瘀血难去、积气难消且容易损伤胃肠，不利于骨折恢复。

## （二）筋与骨

### 1. 筋与骨在骨伤中的辩证关系

骨居其里，筋附其外。骨伤必伴有筋伤，筋伤必影响骨的生理功能，可谓"先有筋瘀，再有骨痹"。何仁甫在治疗骨伤时重视处理筋与骨的关系，特别是在治疗骨折、脱位时，强调医者当认清局部解剖关系，须有"熟悉人体之骨骼形态、关节结构，筋肉之分布及附着于骨之起止点"的功底，通过询问患者受伤原因及姿势，分析是伤筋还是伤骨，如患者有骨折、脱位，则应分清骨折、脱位的移位方向，尤其是要厘清周围肌腱、韧带、肌肉在骨折、脱位的移位过程中所起的作用。整复时则应充分考虑阻碍复位的拮抗因素，将骨折肢体置于适当的位置，消除其对抗因素，甚至将拮抗因素转化为促进骨折复位的动力，使用巧力使骨折复位，做到"一旦临证，机触于外，巧生于内，手随心转，法从手出"，所谓得心应手。

复位、固定、功能锻炼和药物治疗是治疗骨折的四个基本步骤。在骨折复位后，采取有效的固定是防止断端再移位和纠正残余移位必不可少的环节。"筋为刚，肉为墙"。现代生物力学研究证实，软组织的挤压效应对维持骨折部位的稳定具有重要作用，肌肉收缩是骨折局部应力的外源性动力，并能产生一系列的生物反馈效应，促使骨折愈合。有学者认为骨折愈合的最佳应力是该部位在生理状态下所承受的肌力，肌肉活动的力量为骨折愈合所必需。骨折后，肌肉失去其杠杆作用而使肌力下降。整复固定后，肌肉收缩活动逐渐恢复使断端恢复稳定，而稳定的断端又使肌力的稳定作用更好发挥，使断端处于最佳应力状态，从而促进骨折愈合。《医宗金鉴·正骨心法要旨》在论述臑骨（即肱骨）骨折时提出："或坠车马跌碎，或打断，或斜裂，或截断，或碎断。打断者有碎骨，跌断者则无碎骨。雍肿疼痛，心神忙乱，遍体麻冷，皆用手法，循其上下前后之筋，令得调顺，摩按其受伤骨髓，令得平正。"以上文字说明筋骨同治对促进骨折早期愈合及患肢恢复功能有重要意义。

下面以尺桡骨双骨折为例进行阐述。从解剖上讲，尺骨、桡骨上分别有不同肌肉群附着，由于其起点不一，骨折线在旋前圆肌止点以上或以下时，骨折近端和远端的移位方向完全不同，因此采用的正骨手法亦迥异。若尺骨骨折端在旋前圆肌止点以上，则把前臂置于旋后位整复；若骨折端在旋前圆肌止点以下，则把前臂置于中立位整复，利用前臂骨间膜的张力而作用于两根长骨的骨折端。分骨是本病手法整复的重要操作，通过将骨折上、下断端两骨间的距离扩大到最大宽度，并使其相互对称，使骨间膜紧张，维持骨折断端的稳定，纠正骨折断端的旋转移位。折顶是使横断及锯齿状骨折达到解剖或接近解剖复位，是有利于骨折治疗后稳定的关键手法。此外，要先整复稳定性较好的骨折端或有背向移位的骨折，以此为支点再整复另一个骨折。

骨折治疗后离不开固定，而固定又需合适的体位。尺桡骨双骨折治疗后必须消除断端的剪力、骨间膜张力，才能保持治疗后稳定。理想的外固定位可以缓解骨周围肌肉的张力，使骨间隙处于最大宽度，恢复骨间膜的生理性张力，从而使治疗后的骨折远、近端处于稳定状态。尺桡骨借上下尺桡关节及骨间膜相连，桡骨上端自转，同时其远侧围绕尺骨作左右的转动及轻微上下活动。前臂完全旋前时，桡骨在尺骨的上中交界处相连，旋后位时两骨并列。完全旋前位的上骨间隙和完全旋后位的中下骨间膜张力最大，但骨间隙均相对变小。旋后时上、下骨间膜、斜索和旋转诸肌松紧不一，旋后越大则上述情况越明显。即使夹板、纸压垫和绷带绑扎的压力也不能对抗肌肉的收缩及骨间膜的牵拉力。前臂处于中立位时，骨间隙最大，周围肌肉、骨间膜、斜索均处于紧张状态，抑制了各种移位因素，尺桡骨稳定，因此是理想的固定体位。

骨折经过手法治疗后，由于固定和制动，损伤局部常出现肿胀、疼痛、肌肉萎缩以及关节活动受限等症状，影响骨折愈合和后期功能恢复。局部组织出血、体液渗出，加上因疼痛反射造成的肌肉痉挛，"唧筒效应"消失，静脉、淋巴回流障碍，导致局部肿胀。此外，因疼痛反射引起的交感性动脉痉挛而导致的损伤部位缺血，亦加重了局部疼痛。肢体长期制动必然会引起肌肉的失用性萎缩和肌力下降。固定有利于骨折愈合，但也限制了关节活动。由于肌肉不运动，静脉和淋巴淤滞，循环缓慢，组织水肿，渗出的浆液纤维蛋白在关节皱襞和滑膜反折处及肌肉间形成粘连、僵硬。

在骨伤的康复过程中，何仁甫同样重视筋骨之间的关系，强调筋伤与骨伤、结构与功能的关系，提出在骨折复位（尤其是近关节部位的骨折复位）过程中不仅要考虑骨折复位，同时应该理顺筋脉、滑利关节。《医宗金鉴·正骨心法要旨》指出："夫手法者，谓以两手安置所伤之筋骨，使仍复于旧也。"何仁甫认为骨折的诊断、治疗和康复应该是一个完整的过程，应该由一个医生自始至终、亲力亲为地治疗，应该以最终的功能恢复情况作为唯一的疗效评价标准。从临床实际情况来看，如果首诊医师从接诊开始就与患者建立了联系，对患者骨折部位、移位情况，以及骨折治疗后的对位情况、固定方式和可能出现的并发症等情况均有详细了解，对于患者康复很有益处。因此，何仁甫在治疗骨折时，不仅在复位时亲自操作，还会给患者制订合理的功能恢复锻炼计划，采用手法、药物治疗，使患者循序渐进地恢复功能。此外，何仁甫强调软组织在骨折恢复过程中具有重要作用，强调要防止软组织在恢复过程中受到二次伤害，引起新的粘连，加重关节的残障。

### 2. 筋与骨在骨病中的辩证关系

在中医骨伤科的发展过程中，骨伤专著甚多，对于骨病的论述则相对较少。何仁甫从历代典籍中总结出一系列骨病治疗思想，用之于临床，特别是应用外治法治疗筋骨病，每每取得良效。

慢性筋骨病的产生多与肝肾相关。《素问·宣明五气》提出"五脏所主"及"五劳所伤"等概念，其中"久行伤筋""久立伤骨"的说法指出很多骨伤科疾病源于过度疲劳所造成的损伤。肝主筋，藏血。《素问·六节藏象论》曰："肝者……其华在爪，其充在筋。"肝主筋，即全身肌肉的运动能力与肝之精气密切相关。《素问·上古天真论》曰："丈夫……七八，肝气衰，筋不能动。八八，天癸竭，精少，肾脏衰，形体皆极。"由此可见，人随着年龄增长会逐渐衰老，其中肝脏精血虚弱的表现为肌肉运动不灵活。肝主藏血，肝血充盈则肌肉得以濡养，从而维持正常的活动。若肝血不足，血不养筋，则会出现手足拘挛、肢体麻木、屈伸不利等症。肾生髓、主骨，为先天之本。《素问·宣明五气》曰："肾主骨。"《素问·六节藏象论》曰："肾者……其充在骨。"《素问·五脏生成》曰："肾之合骨也。"肾髓充则骨髓生化有源，骨得髓充养而强壮有力。反之，肾精不足，髓海空虚，骨不得髓充养，可致腿足萎弱而不能行动等症状。慢性腰痛与肾的关系甚为密切。腰为肾之府，《济阳纲目》曰："夫腰者，肾之外候，一身所恃以转移阖辟者也。盖诸经皆贯于肾而络于腰脊，肾气一虚，腰必痛矣。"《景岳全书》曰："凡病腰痛者，多由真阴之不足，最宜以培补肾气为主。"此皆表明肾虚易致腰部劳损，表现为腰酸背痛、腰脊不能俯仰等症。肝肾同源，分主筋骨，筋骨相连，伤筋必动骨，损骨必伤筋。基于此，何仁甫认为筋强则骨稳，骨壮则筋和，唯有筋骨功能平衡，才能充分发挥各自的生理功能，避免疾病的发生。

　　下面以腰椎间盘突出症为例进行阐述。腰椎间盘突出症是由于腰椎间盘内的纤维环破裂致使髓核膨出、突出或脱出，突入椎管，压迫和刺激到椎管内神经及椎间孔神经根，以腰腿痛为主要临床表现的一组综合征。除年龄、体重等因素外，该病发生还与外力损伤、家族遗传、职业因素、妊娠等密切相关。根据其主要症状，可将该病归于中医"腰腿痛""腰痛""腰骨痛""痹证"等范畴。何仁甫认为，腰痛一证，病因有内、外之分，病机有虚实寒热、气滞血瘀之别，或因气滞血瘀导致筋脉损伤，或因肝肾不足导致筋骨失养，或因感受风寒湿热邪气导致筋脉痹阻。筋脉损伤、失养及痹阻均会导致筋之移位、驰纵或痉挛，进而引起腰部骨骼出现侧弯、生理曲度变直或椎体滑脱等病变，相应地小关节也会发生紊乱，导致局部失衡，出现腰部疼痛、下肢麻木、活动受限等症状。因此，何仁甫临证采取药物内服、外敷与手法治疗相结合的模式。

　　何仁甫认为，腰椎间盘突出症主要病机为正气不足，风寒湿邪乘虚侵袭人体，经脉气血痹阻而发生疼痛，气血痹阻可以加剧腰椎退行性改变，影响腰椎稳定平衡；加之腰部在日常生活中容易劳损，瘀血留滞于经络之中，气血运行不畅，肌肉、筋骨失于濡养，加以失治、误治等不利原因，导致腰椎小关节紊乱，加剧椎体内外稳定的失衡，造成本病。根据脊柱内平衡和外平衡理论，脊柱的外平衡系统由相关的韧带、肌肉和筋膜组成，而内平衡系统由前、中、后三组的关节、关节囊和椎间盘等组成。一旦脊柱部分节段力学结构发生异常时，就会导致相邻节段的力学传导紊乱，进而打破脊柱整体应有的力学平衡和内外平衡，使脊柱的生物力学发生失衡。当内平衡失调后，外平衡也会发生失调。如某一椎体上下发生半脱位和周围小关节紊乱时，该椎体出现失稳，力学传导将加重下一椎体的负担，从而加重相邻椎体的紊乱。在脊柱生物力学作用下，腰椎会出现一定方向侧弯，腰椎发生失稳，椎间盘受力增大。由局部影响到整体，继而发生多节脊柱病变，促进该椎体边缘增生或椎间盘病变，椎间隙变窄，最终导致腰椎间盘内压力增大，纤维环断裂而发生腰椎间盘突出，压迫或刺激硬膜囊、神经根，产生一系列症状。因此，恢复脊椎周围软组织的力学平衡，纠正错位的脊椎小关节相对关系，是恢复其正常的解剖位置的重要步骤。

何仁甫治疗腰椎间盘突出症先用手法梳理脊筋，以恢复脊椎周围软组织的力学平衡，纠正错位的脊椎小关节相对关系，从而达到骨正筋和、气血畅通之功。这与现代医学的脊柱内平衡和外平衡理论不谋而合。在外敷药物使用方面，何仁甫同样秉持"筋骨并重"的理念，采用内治法原理，灵活运用接骨续筋、强筋壮骨、补肝益肾、温通经络等中药配方。如治疗腰椎间盘突出症气滞血瘀证，何仁甫传人采用续断接骨散敷于痛点，以治疗纤维环破裂、小关节损伤所致气滞血瘀；周围外敷止痛壮骨散或风湿痹痛散以温通经络。

综上所述，何仁甫通过研究中医骨伤科及其他中医典籍有关筋骨的理念，同时结合现代解剖学、生理学，在骨折、脱位的整复、固定和后期功能康复方面做到了筋骨并重；在骨病的治疗中也坚持筋骨、气血、脏腑、经络并重，灵活使用手法和药物治疗，达到"法之所施，病即立除"的功效。

## （三）局部与整体

整体观念和辨证论治是中医学理论体系的两大基本特点。整体观念强调从整体的、普遍联系上探讨机体内部及机体与环境的对立统一规律，辨证论治即针对个体的不同制订个性化的诊疗方案。相对于疾病谱的整体性来说，不同的证候即为局部，所以从疾病的诊断来讲，整体与局部是一组相对的概念。

中医骨伤科疾病如骨折、脱位、筋伤及骨伤科杂病等，都是以局部病理改变为主。局部症状是骨伤科疾病诊断的主要矛盾，而整体功能改变为次要矛盾。这一点和内、妇、儿科有很大区别。除疼痛、肿胀、功能障碍等一般症状外，骨折的局部症状还包括畸形、异常活动、骨擦感等，脱位的局部症状还包括畸形、弹性固定、关节盂空虚等，其他骨伤科疾病的局部症状则各异。因为骨伤科疾病的症状主要出现在局部，因此其诊断的重心也在局部。但是注重局部并不是否定整体，临床上通常依据患者局部症状、体征结合全身情况进行辨证诊断。

何仁甫用整体与局部的观点来分析骨伤科的病、证和症，将"病"作为整体，将"证"和"症"作为局部。"病"是指人体受外邪侵袭，或因饮食劳倦、情志失调等因素，引起全身或某一脏器的病理变化，使某些生理功能失调而导致健康状态异常的表现。喻昌指出："治病必先识病，识病然后议药。"病为一个整体，包含病因、病机、临床症状、诊断与鉴别诊断，同时也包含其治疗和预后。"证"古皆作症，是指疾病的症状和体征，是判断疾病性质、缓急、轻重程度的证据。每一种疾病都有其特定的致病因素、病理变化和临床症状，又包含了许多证候分型，因此不同证型即为局部。

何仁甫强调，临证时应当仔细检查，准确诊断，然后根据患者具体情况做出相应的诊疗方案，不能头痛医头、脚痛医脚，也不能忽视可能发生的并发症和后遗症。以肩关节脱位为例，如果医者仅将肩关节复位，而未考虑患者是否伴有神经血管损伤，是否在治疗后再次脱出，或出现关节粘连、肩关节活动受限，或因治疗后固定时间不够或功能锻炼不当，导致肩关节囊未能修复和松弛，引发习惯性脱位。凡此种种，均说明医者未能从整体上把握好病情，即便完成复位，最终治疗也会失败。比如骨髓炎是指化脓性细菌感染骨髓、骨皮质和骨膜而引起的炎症性疾病，归于中医"骨疽""骨蚀"等范畴。本病多发于儿童，急性期可见肢体干骺端红肿热痛，全身可见恶寒发热等症状；慢性期可见死骨和窦道形成。从症状上看，肢体干骺端的红肿热痛乃热毒炽盛之象，局部上属于邪盛；恶寒发热为全身中毒症状，整体上属于正虚。

从以上两例可以看出，何仁甫在治疗骨伤科疾病时，一方面强调人是一个整体，即便骨伤科疾病主要表现为局部症状，但不能忽视人的整体功能对局部的影响；另一方面，应该把骨伤科疾病的病因、病机、部位、症状、体征看作一个整体，系统认识其证候类型和变化规律，避免误诊漏诊，只有全程监控，整体把握，方能"祛病除根"。

## （四）内治与外治

清代吴尚先指出："外治之理即内治之理，外治之药亦即内治之药，所异者法耳。""经文内取、外取并列，未尝教人专用内治也。"这说明外治法与内治法的底层逻辑是一致的。骨伤科疾病以局部损伤为主，内服药物治疗需经血液循环吸收，起效时间较长。外治法有药效持久、能使药力直达病所等优势，对于不肯服药的患者和不能服药的病种，更为内治法所不及，故有"良工不废外治"之说。但有些疾病单用外治法虽能解一时之苦，但治不从本，不能收获全效。由此可见，内治、外治法各有利弊。临证时若能根据具体病情，内治与外治同施，局部与整体兼顾，则可取长补短，产生协同作用，发挥相得益彰之妙。

在治疗骨伤方面，唐·蔺道人在《仙授理伤续断秘方·又治损伤方论》中提出"七步治伤法"，即根据骨伤发展、转归的不同阶段，分别应用七种相应的治法。随着中医骨伤科的发展，后世医家将蔺道人的"七步治伤法"简化为三期（早、中、后期）辨证论治。这与现代医学关于骨折愈合的认识不谋而合。根据骨折局部组织学特点，骨折愈合过程可分为三期，即血肿机化期、骨痂形成期和骨痂改造塑形期。何仁甫在治疗骨伤方面，强调骨折脱位的手法整复及坚强固定，同时针对骨伤三期的病理特点，以气血脏腑理论作为基础，采用中药外敷、内服的方法，分别施以攻、和、补三法治疗，骨伤初期因气滞血瘀常见肿胀、疼痛等症，治疗以行气活血、消肿止痛为主；骨伤中期肿胀渐趋消退，疼痛逐步减轻，但瘀阻未消，治疗以活血化瘀、和营生新、濡养筋骨为主；骨伤后期瘀肿已消，但筋骨尚未坚实，功能尚未恢复，治疗以强筋壮骨、补养气血为主，同时采用手法配合中药熏洗，促进肢体功能康复。其传人何天佐根据骨伤三期辨证论治思想，对祖传药方加以总结提炼，创造多种内服、外用剂型，临床效果良好，如肿痛宁胶囊、消肿止痛散可用于骨折、脱位、软组织损伤早期，接骨续筋胶囊、续断接骨散可用于骨折、脱位、软组织损伤中期，止痛壮骨胶囊、止痛壮骨散可用于骨折、脱位、软组织损伤后期。

在治疗骨病方面，何仁甫亦采用内治与外治相结合的治疗思路，或用手法，或用内服，或用外敷，均以适事为故。以痛风性关节炎为例，其属中医"痹症"范畴。朱丹溪《格致余论》曰："痛风者，大率因血受热已自沸腾，其后或涉冷水，或立湿地……寒凉外抟，热血得寒，污浊凝滞，所以作痛，夜则痛甚，行于阴也。"因其临床表现以湿热为主，临床治疗多采取清热祛湿、宣痹止痛之法。何仁甫认为痛风病因、病机复杂，除湿热下注外，寒湿痹阻、入里化热可致痛风，气滞血瘀、瘀血化热可致痛风，肝肾不足、筋脉失养亦可致痛风，故临床应辨证施治，不能一味使用寒凉药物。红肿热痛较甚者，治疗当以清热解毒、化湿通络为主，内服白虎桂枝汤加减，外敷解毒消炎散。扭伤闪挫所致者，伤后疼痛不甚，间隔数小时或次日晨起出现瘀肿、发热、疼痛，为体内本有湿热，伤后瘀热互结，经络痹阻而发作，治疗当以清热解毒、凉血通络为主，内服四物汤合四妙散加减，外敷解毒消炎散合消肿止痛散。夏日露卧当风或因吹空调所致者，症见局部肿痛、皮温高、漫肿胀痛，为风寒入里化热，邪中半表半里，寒热错杂之证，治疗当以搜风逐寒、化热通络为主，内服四妙散合大防风汤化裁，外敷逐阴散合解毒消炎散。

综上所述，何仁甫治疗骨伤科疾病时，重视内外兼治，手法和药物并重。在治疗骨伤方面，早期行气活血、消肿止痛，中期活血化瘀、和营养筋，后期强筋壮骨、补养气血。在治疗骨病方面，灵活运用中医气血津液辨证、经络脏腑辨证及八纲辨证等方法，辨证施治。

## （五）手法与药物

何仁甫在治疗骨伤科伤病时，无论是骨伤、骨病，均以手法和药物并重，临床治疗时或有所偏重。

在治疗骨伤方面，何仁甫侧重于手法，兼顾药物治疗。骨伤必伴筋伤，对于某些无移位骨折，应当通过手法触摸患部以判断有无"筋断""筋卷""筋出槽"等现象，不能简单地采用固定及药物治疗。如胫骨平台骨折常伴随膝关节半月板损伤、撕裂以及交叉韧带、侧副韧带损伤或断裂。对无移位者，当通过手法检查（如侧向活动试验、抽屉试验等）初步判定其软组织损伤情况。若抽屉试验阳性，通常提示存在交叉韧带损伤或断裂可能；若侧向活动试验阳性，则提示存在侧副韧带损伤或断裂可能。对于有移位及关节脱位者，骨折不复位可能导致畸形愈合或不愈合，脱位不复位则可能导致关节活动受限，均可能造成肢体残障，因此手法治疗尤为重要。只有把骨折移位、关节脱位的问题解决了，才能采取固定、药物等后续治疗。

骨折的愈合是一个复杂过程，受很多因素影响，既包括营养不良或患有各种代谢障碍性疾病等全身因素，也包括骨折的部位、类型、程度感染等局部因素。

此外，治疗或护理不当，如复位或固定欠妥、不恰当的手术处理、金属内固定器材质量不佳或使用不当、功能锻炼不够或过度等因素也都会影响骨折愈合。针对骨折中后期愈合问题，何仁甫在传统用药基础上，善用矿物类及虫类药物配伍内服外敷，以促进骨折愈合、缩短骨折固定时间，有利于骨折后期功能恢复。一方面，动物化石类药物功善培源补肾壮骨；另一方面，虫类药物性善走窜，功能祛瘀通络、接骨续筋，二者共同促进骨折愈合。这正是《素问·阴阳应象大论》中"形不足者，温之以气，精不足者，补之以味"治疗原则的体现。现代研究认为，骨折愈合需要铁、铜、锰、锌、钴、硒等多种必需微量元素参与，而自然铜、龙骨、无名异等矿物类药物富含上述微量元素。此外，患肢被长时间固定易出现痿废、关节粘连、屈伸不利，治疗当以松解粘连、和营养筋为主。很多患者因忧虑骨折再次移位或不能耐受活动时疼痛而不愿意主动锻炼，导致关节活动愈加受限，此时手法治疗至关重要。骨伤科医生可采用按摩推拿、弹拨理筋、旋转运摇等手法松解粘连、滑利关节，配合松痉解凝散外敷或熏洗患部，同时指导和鼓励患者主动活动患肢，以促进功能恢复。

在治疗骨病方面，何仁甫强调将药物和手法并重，临床中除痈疽疮疡及痹证红肿热痛之阳证、急证外，多施用手法治疗各类骨病。何仁甫提出，治病犹如用兵，己胜则敌败，己弱则敌胜，手法为先锋官，用之于前，开腠理、通经络，为药物的使用打通障碍；药物为主力部队，内服外敷，直达病所，杀敌于千里，可谓事半功倍，所以药物与手法不可分也。这种思想的形成，与何氏先辈久居军中及何仁甫本人曾任医官的经历密切相关。

以肩周炎为例，其病理改变主要是肩关节周围软组织的急、慢性无菌性炎性反应，继发组织粘连、形变、肌筋弹性降低，甚或后期出现肌肉萎缩、关节僵硬等。何仁甫治疗本病首先在患肩进行熏蒸治疗，方用当归、防风、黄芪、白芷、羌活、牛蒡子、海风藤、海桐皮、伸筋草、舒筋草、泽兰、木瓜等外用熏洗；再采用点穴舒筋之法以解痉止痛，促进局部血液循环，尽量使关节及周围组织放松，通过滚揉理筋、运摇拨筋、压肩展筋、顶搬牵抖等方法以松解关节粘连，解痉止痛，恢复肌筋弹性，增加肩关节外开幅度，利于关节功能恢复。其手法以盂肱关节中心为支点，以肱骨干为轴，作由小到大的轴锥体运动，使关节周围不同的点、面的粘连都得到松解，也可对形变的关节起到磨合的作用。手法治疗后再外敷肩舒散以达祛风散寒、活络蠲痹、温经止痛之功。

再以椎动脉型颈椎病为例，其病理改变主要是椎间盘退行性改变，椎动脉、椎静脉周围软组织因炎性改变而粘连，同时伴有椎管狭窄、横突间距变小，造成椎动脉弯曲而使椎管狭窄，钩椎关节骨质增生或椎间盘侧方突出可压迫椎动脉，颈椎侧屈或后伸时压迫加重，致椎动脉供血不足，而发本病。何仁甫治疗本病首先采用穴位点揉、弹提舒筋、端提定位旋转及按摩、切颤、振抖等手法治疗以梳理脊筋，缓解颈部肌肉和血管痉挛状态，迅速改善头晕目眩症状。药物治疗以外敷药为主帅，再根据具体病情配合中药内服。外敷中药以软坚散结散为主，辅以止痛壮骨散或松痉解凝散。诸方分部位外敷于颈肩部，主次有序，缓急有别，可进一步巩固手法的治疗作用。内服中药则根据辨证分型进行处方，如虚寒者，治以温阳益气通络，方选黄芪桂枝五物汤加味；肝阳上亢者，治以平肝潜阳、调和气血，方选天麻钩藤饮或芍药甘草汤加减；气血亏虚者，治以补中益气、养血通络，方选补中益气汤或归脾汤加减；痰湿中阻者，治以祛湿化痰、散痰通络，方选温胆汤加减；痹证型患者，治以祛风散寒通络，方选桂枝附子汤加减；痿症型患者，治以益气养血、舒筋通络、强筋壮骨，方选补阳还五汤或黄芪地龙汤加减。

## 三、中药外敷治疗骨伤科疾病经验

中药外敷是骨伤科常用的治疗方法，以脏腑经络、阴阳虚实、病因病机、药物性味归经等中医基本理论为基础，将中药配方制成膏药或散剂外敷于病变部位，从受邪之处治之，药力从皮到肉，由筋达骨，层层渗透，直达病所，开发腠理，使经脉流畅，血活气行，发挥治疗效果。其治疗作用不外乎局部作用与整体作用两个方面。对于骨伤科疾病而言，中药外敷主要通过直接调节局部，发挥行气活血、接骨续筋、清热解毒、提脓祛腐生肌等作用。

何仁甫推崇中药外敷疗法，认为其效缓而稳妥，既能使用"斩关夺隘"的猛药，又不受"十八反""十九畏"之局限。正如《理瀹骈文》所言："必得通经走络，开窍透骨，拨病外出之品为引……假猛药、生药、香药，率领群药，开结行滞，直达病所，俾令攻决滋助，无不如志，一归气血流通，而病自已。此余制膏之法也。"现代医学研究表明，经皮给药可以使药物不被胃肠道消化液破坏，同时避免药物对胃肠道产生刺激；还能不受肝首过消除影响，提高药物利用度，并降低药物毒副作用。

在临床应用方面，何仁甫所施中药外敷疗法具有如下特点：第一，其选用的外敷中药通常是功能主治明确的经验方，如解毒消炎散主治痈疽初起、消肿止痛散主治骨伤等；第二，何仁甫通常根据患者证候类型而辨证处方。如治疗肝肾亏虚型腰椎间盘突出症，何仁甫在腰部痛点外敷壮骨抗劳散以强筋健骨，腰椎两旁外敷止痛壮骨散以活血化瘀、温经通络，臀部外敷风湿痹痛散以祛风除湿、通络止痛。诸药合用，共奏强健筋骨、畅达气血、通经止痛之功。若治疗风寒湿痹型腰椎间盘突出症，何仁甫在腰部痛点外敷逐阴散以搜风逐寒、通阳宣痹，腰椎两旁及臀部外敷药物则不变。诸药合用，共奏祛寒通络，活血行气止痛之功。

中医辨证方法主要包括经络辨证、病因辨证、八纲辨证、三焦辨证等，何仁甫认为与中医骨伤科外敷药密切相关的是病因辨证、八纲辨证。病因辨证是参照六淫、疫疠、七情、饮食劳逸和外伤等各种病因的致病特点，来识别疾病诱发于何种致病因素，从而为进一步治疗提供依据。八纲辨证是基于阴、阳、表、里、寒、热、虚、实这八个纲，探求疾病属性、病变部位、病势轻重、个体反应强弱，从而为临床诊断和施治提供依据。以下将从病因辨证、八纲辨证及外用丹剂三个方面阐述何仁甫应用中药外敷治疗骨伤科疾病的经验。

## （一）病因辨证在中药外敷中的应用

### 1. 病因辨证在骨伤治疗中的应用

何仁甫在应用使用中药外敷治疗骨伤时，常依据患者病因不同而分别用药。外力损伤是导致骨伤发病的主要外因，可分为直接暴力、间接暴力、肌肉强烈收缩和持续劳损等四种。其中，直接暴力和间接暴力均可导致骨伤患者形气损伤，肿痛明显。《素问·阴阳应象大论》云："气伤痛，形伤肿。故先痛后肿者，气伤形也；先肿后痛者，形伤气也。"李中梓注曰："气喜宣通，气伤则壅闭不通，故痛；形为质象，形伤则稽留而不化，故肿。"气本无形，郁则气聚，聚则似有形而实无质，故气机不通之处，即伤病所在之处，必出现胀闷疼痛。形伤肿即指瘀血造成局部肿胀，血有形，瘀血留滞，故局部出现肿胀。

何仁甫临床治疗此类疾病按照骨伤三期辨证论治：①血肿机化期。患者因暴力作用导致局部经络受损，营血离经，血溢脉外，瘀滞于肌肉皮下，血瘀气滞，故局部肿胀疼痛，皮下淤青。此期骨折局部以血瘀气滞为主，周围肌肉、筋膜等软组织以气滞血瘀为主。治疗时，何仁甫首先以手法纠正骨折移位，再辨证施用中药外敷，在骨折处外敷续断接骨散以接骨续筋，改善骨折断端持续性出血，缩短血肿机化时间；在周围软组织外敷消肿止痛散以活血化瘀、行气止痛，促进局部瘀血吸收。部分患者体质较弱，受伤后外邪入侵机体化热或瘀血、毒邪聚而化热，表现为实热之证，局部软组织肿胀发热明显，何仁甫选择在骨折周围软组织外敷解毒消炎散以清热凉血、解毒消炎，既有效减少伤处出血，又控制局部症状。②骨痂形成期。患者骨折断端初步形成纤维骨痂，疼痛明显减轻，但伴有局部筋骨酸软，时有作痛，瘀血尚未完全消散。该期用药原则为筋骨并重，骨折处仍外敷续断接骨散以促进骨痂生长，周围软组织外敷止痛壮骨散以活血化瘀、温经通络。③骨痂改造塑形期。此时患处瘀血已消，骨折续接但不牢固，筋肉因长时间固定而出现萎缩，患者肢体无力，关节僵硬。治疗时，在骨折处外敷生骨散以健骨补骨、益精填髓。若周围软组织有酸麻胀痛等症状，在局部外敷止痛壮骨散以温经通络止痛；若患者筋肉萎缩、关节僵硬不能活动，此时在周围软组织外敷松痉解凝散以松解粘连、解除痉挛，恢复关节功能；若患者体质较差，治疗期间外感风寒湿邪，局部软组织酸痛明显，遇天气变化加重，则选用风湿痹痛散局部外敷以祛风除湿、通络止痛，从而缓解患者不适症状，并防止症状长期遗留。

　　疲劳性骨折又称行军骨折、应力性骨折，多为骨骼系统长期受到非生理性应力所致，好发于胫骨、跖骨等部位，常见于新入伍士兵和运动员。疲劳性骨折患者初发时常自觉局部疼痛，活动后加重，休息后减轻，系因骨断筋伤，气滞血瘀，修复和损伤交替反复，临床常采用手法整复、固定、制动等方法治疗。何仁甫在上述治疗基础上还采用中药外敷治疗，在骨折断端处外敷续断接骨散以接骨续筋，在周围外敷消肿止痛散以活血化瘀、行气止痛。部分患者早期可见局部肿胀、发热等症状，其中红肿较甚者，系因血瘀化热，治当以清热凉血为主，外敷透骨拔毒散和消肿止痛散；若局部发热，但红肿不甚，则为寒瘀互结，治当以搜风逐寒、活血行气为主，外敷逐阴散与消肿止痛散。若患者经过休息和治疗后，局部疼痛逐渐缓解，则在骨折断端处继续外敷续断接骨散，周围外敷止痛壮骨散以接骨续筋、壮骨强筋。

对于不同年龄段的骨伤患者而言，其骨折愈合时间不尽相同。儿童骨折一般3～4周即可达坚固愈合，成人骨折则需2～3个月才能愈合，体弱者、老年人骨折的愈合时间则更长。何仁甫根据不同年龄段的生理特性加以辨证用药。对于儿童而言，因其正处于生长发育时期，新陈代谢旺盛，修复能力强，故骨折愈合容易，但易发生畸形愈合。何仁甫在治疗儿童骨折（尤其关节部位骨折）时，外敷药少用接骨续筋药，多选用行气活血药，待骨折相对稳定以后，则尽早使用松解粘连药。以小儿肱骨髁上骨折为例，除骨折对位不良导致的畸形愈合和肘内翻畸形以外，本病最常见的并发症是肘关节粘连和骨化性肌炎，因此治疗早期在骨折处使用续断接骨散，辅以消肿止痛散，2～3周后则使用消肿止痛散和松痉解凝散，以防止关节粘连、关节囊挛缩，如出现骨化性肌炎，则在软组织骨化处外敷软坚散结散，周围辅以松痉解凝散。

对于老年人而言，因其骨质不断流失，骨的强度降低，遇到轻度外伤如跌倒、汽车颠簸等即可引起骨折。此外，老年人通常健康状况不佳，常伴有高血压病、冠心病、慢性支气管炎、糖尿病等疾病。骨折是一种严重创伤，可以使原有疾病加重。此外，患者长期卧床还可以引起肺炎、褥疮及下肢静脉血栓形成等并发症。中医认为老年骨伤患者通常以肝肾不足、气血亏虚为内在基础，伤后骨断筋伤、气滞血瘀，证属本虚标实。何仁甫在治疗老年骨伤患者时，首先会采取手法整复和固定等专科处理，并按照骨折三期辨证论治，同时兼顾老年人气血亏虚、肝肾脾胃不足的生理特点，加用四物汤、四君子汤等内服药。在中药外敷方面，治疗早期在骨折处外敷续断接骨散，周围外敷消肿止痛散，中后期则尽早使用活血补血、行气补气、补肝益肾及强筋壮骨药。针对股骨颈骨折等难复性骨折，何仁甫常使用生骨散外敷以达健骨补骨、益精填髓之功，从而促进骨折愈合并预防骨折再次发生。

针对某些病理性骨折，如骨髓炎、骨结核所致骨质破坏，受轻微外力即发生的骨折，何仁甫强调要采取对因治疗，只有控制原发疾病，病理性骨折才能有效愈合。临证治疗此类疾病时，何仁甫采取抗痨散或透骨拔毒散外敷联合阳和汤或仙方活命饮内服，待原发疾病得到有效控制后，再在前述药物基础上外敷续断接骨散。

## 2. 病因辨证在骨病治疗中的应用

何仁甫通过长期临床实践，认识到骨病的病因主要有四个方面：一是非暴力性外力作用，使机体超过疲劳限度而受损；二是外感六淫邪气；三是骨伤诱发；四是先天禀赋不足，加之后天失养或七情无节等，使机体御病能力下降而致。以上四个方面，又可概括为内因和外因两大类。外因是指外界作用于人体而致筋骨损害的因素，包括外感六淫、邪毒感染、外力伤害、地域因素、毒物及放射线等。内因是指由于人体内部影响而致筋骨损伤的因素，包括年龄、营养状况、脏腑功能等。骨病的好发部位也各不相同。如风寒所致骨病如急性筋膜炎、颈肩综合征、腰肌筋膜炎等，多见于人体上部，如颈肩部和腰部等；风湿、湿热所致骨病如痛风性关节炎，多见于人体下部，如第一跖趾关节、踝关节等；风湿性关节炎好发于大关节等，类风湿性关节炎好发于小关节；老年性骨关节退行性疾病常见于脊柱和下肢，劳损性疾病多发于颈腰部和四肢关节。

何仁甫治疗骨病遵循《素问·至真要大论》中的"寒者热之，热者寒之，微者逆之，甚者从之，坚者削之，客者除之，劳者温之，结者散之，留者攻之，燥者濡之，急者缓之，散者收之，损者益之，逸者行之，惊者平之，上之下之，摩之浴之，薄之劫之，开之发之，适事为故"原则，如治疗骨痈疽之热证，症见局部红肿热痛，采用透骨拔毒散外敷以清热解毒，即属"热者寒之"；治疗骨痨之寒性脓肿，症见局部漫肿疼痛、皮温不高，采用抗痨散外敷以温阳解毒，即属"寒者热之"；治疗痹证如颈背部急性肌筋膜炎，采用逐阴散和风湿痹痛散外敷以祛风除湿散寒、通络止痛，即属"客者除之"；治疗痿证如脊髓损伤之截瘫，症见肢体感觉减退或消失，肌肉萎弱不用，采用通督散外敷于损伤处、止痛壮骨散外敷于患处周围、逐痹强筋散外敷于肌肉萎缩处，既遵"治痿独取阳明"之法，又属"损者益之"；治疗受凉或劳损所致关节拘挛，采用松痉解凝散外敷以松解粘连、缓解痉挛，即属"急者缓之"；治疗骨肿瘤采用活血解毒药以祛除内聚之瘀血、毒邪，即属"坚者削之"；治疗慢性劳损疾患如桡骨茎突狭窄性腱鞘炎，症见桡骨茎突部隆起、疼痛，腕和拇指活动时疼痛加重，局部压痛，采用抗痨散外敷于敷痛点、止痛壮骨散或风湿痹痛散外敷于周围以强筋壮骨、通络止痛，即属"劳者温之"。

## （二）八纲辨证在中药外敷中的应用

八纲是从各种具体证候的个性中抽象出来的带有普遍规律的共性，把错综复杂的临床表现分别概括为表证、里证、寒证、热证、虚证、实证，再进一步归纳为阴证、阳证两大类。八纲辨证则是运用八纲对病情资料进行分析综合的方法，以辨别病变位置、性质、邪正盛衰及病证类别，为"异病同治"和"同病异治"提供依据。同一种疾病可以包括几种不同的证候，如骨关节炎主要证候类型包括肝肾不足、寒湿痹阻、气滞血瘀等，外敷治疗时当分别选用补肝益肾、祛寒除湿、活血化瘀类方剂。不同疾病在其发展过程中也可以出现同一证候，如腱鞘炎和肱骨外上髁炎多由劳损、外伤或受凉所致，其病机特点大致相同，治疗时均可根据"劳则温之""损则益之"的原则，采用壮骨抗劳散敷于痛点，风湿痹痛散或止痛壮骨散敷于周围，以发挥温通经络止痛之功。

　　何仁甫在应用中药外敷治疗骨伤科疾病时，亦是以八纲辨证为依据，充分体现了其选方用药的灵活性。以骨质疏松症为例，其属于中医"骨痹""骨痿""骨缩病""骨极""骨枯"等范畴。本病以疼痛、脊柱变形、易发生脆性骨折为典型临床表现，常因外伤、受凉和劳损导致症状加重。本病以本虚为核心，病位在骨，病性属本虚标实，以肝、脾、肾三脏虚弱尤其是肾虚为本，以寒湿、血瘀为标。何仁甫治疗骨质疏松症时，除采用补肝益肾、强筋壮骨并配合补虚、化湿、活血等内服方药外，主要采用中药外敷进行局部治疗。肝肾阴虚者，症见腰背部隐隐作痛，方选壮骨抗劳散外敷于脊柱正中，止痛壮骨散外敷于周围；寒湿痹阻者，症见腰背部重痛，遇寒加重，遇热减轻，方选壮骨抗劳散敷于脊柱正中，逐阴散、风湿痹痛散外敷于两侧；椎体压缩性骨折者，方选续断接骨散外敷于骨折处、壮骨抗劳散外敷于其上下、止痛壮骨散外敷于周围。

　　何仁甫采用中药外敷治疗骨伤科疾病时，提出"诊必寻证，治必应病"理念，要求临床医生遵循严格的诊疗程序。首先是详细询问患者病史，确定病因及病源之所在，明察发病过程；再采取必要的体格检查及理化检测措施，厘清患者全身与脏腑各部情况；再运用四诊八纲辨别患者体质、局部病源、病变器官所处虚、实、寒、热状态；再综合分析患者全身反应与局部病源变异的关系，准确做出整体诊断；最后选取针对全身反应与局部病变的补、泻、温、清诸药，依理、法、方、药原则组合，多方组合，分部位使用，共奏清热、祛寒、补虚、泻实之效，以达阴阳和、气血畅、经络通之功。

### （三）外用丹剂在骨髓炎、骨结核中的应用

何仁甫治疗骨髓炎、骨结核等疾病时，擅长运用外用丹剂联合其他内服外敷药物，治疗效果明显。何仁甫治疗骨痈疽破溃时，常用红升丹、白降丹两种外用丹剂。正如《医宗金鉴》所云："疡医若无红白二丹，决难立刻取效。"红升丹由水银、火硝、白矾、青矾、朱砂、雄黄等药物炼制而成，具有拔毒去腐、生肌敛口的功效。白降丹由水银、火硝、白矾、皂矾、食盐、硼砂、朱砂、雄黄等炼制而成，具有较强的去腐功效。以上二药可用于治疗痈疽疮疡之创口未愈，以及窦道、瘘管形成经久难愈者。正如赵濂《医门补要》所言："痈疽溃脓日久，患口时淌稀脓，或流清水，终难完口。或完口未久又发，必脓毒瘀结成管。用降药条插患口中，贴膏药，过七日管自出，再上收口药可愈。"

何仁甫经多年临床实践总结，还研制出具有何氏骨科特色的拔毒祛腐丹、提脓生肌丹和平胬丹，用于治疗骨髓炎、骨结核等疾病局部破溃或生胬肉者。以骨髓炎为例，治疗局部感染已破溃者，内治以托里排脓、健脾益气为法，从而恢复机体正气，增强抵御外邪入侵能力，外治以祛腐、排脓、生肌为法。在应用中药外敷时，首先用皮纸搓捻，粘少许拔毒祛腐丹撒于疮口，有窦道者则先将药捻插入窦道，其作用是引流、拔毒外出；若疮口渗出脓液减少、疮面下陷、疮口肉芽健康，改用提脓生肌丹；若疮口有胬肉（肉芽水肿）高突，须于胬肉上涂以平胬丹。

此外，使用外用丹剂须有讲究。药捻的大小、长度均需适中，太粗则难以插入窦道，且有"扩创"之嫌，堵塞窦道则不利于脓液引流；太细则不能接触窦道壁，难以起到提脓去腐之效；插入太深则因外用丹剂的腐蚀作用导致创面或窦道加深。外用丹剂的使用量要适宜，如拔毒去腐丹用量过大则腐蚀过强，创口难愈，用量太少则不能发挥拔毒去腐的作用；如提脓生肌丹，如果用量过大则可能导致肉芽过度生长，形成胬肉，使创口难以愈合。

## 四、骨伤的复位及固定策略

### （一）病理特征

准确的复位和正确有效的外固定是保证骨伤患者康复的根本。要做到复位准

确、固定正确有效，医者必须了解人体解剖和造成骨伤的直接、间接暴力及移位方向。正如《证治准绳》所言："夫伤损必须求其源，看其病之轻重，审其损之浅深。"

外力损伤是造成骨伤的必然因素，主要分为直接暴力和间接暴力两种，其中直接暴力是指枪弹伤、车压伤、打击伤等直接作用于人体某部位而使该部位发生骨伤的外力；间接暴力是指作用于人体某一部位，因传达和牵拉的作用而使另一部位发生骨伤的外力。当人跌倒时，伸手触地产生的反作用力从地面沿肢体向上传导，在手腕、前臂及肘部所造成的桡骨远端、尺桡骨及肱骨髁上等部位的骨折就是一种由间接暴力引起的外伤性骨折。关节脱位多由间接暴力或杠杆作用引起。如患者跌倒时，肘关节伸直，前臂旋后，掌心触地，间接暴力使肘关节过度后伸，以致鹰嘴突尖端急骤地冲击肱骨下端的鹰嘴窝，产生一种有力的杠杆作用，使止于喙突上的肱前肌及肘关节囊前壁被撕断，形成肘关节后脱位。直接暴力也可造成关节脱位，如外力从前往后打击肱骨头，肱骨头过度内旋后移时可冲击关节囊后壁、盂唇或盂缘而滑入肩胛冈下形成肩关节脱位。

外力所致骨折可形成无移位的骨折和断端间有前后、左右、旋转、成角、重叠、分离等移位的骨折。无移位的骨折无须复位，处理简单，一般只需采取外用药治疗及外固定即可愈合。有移位骨折的移位和关节脱位的方向与程度，除与外力的大小、方向及作用于人体的部位有关，还与人体内部结构平衡失调有关。人体内骨骼除少数块状骨外，均有肌肉附着。这些肌肉依功能分为许多肌群，各有不同的起止，受神经支配而产生协调与拮抗的作用，而与被附着的骨骼处于协调平衡状态。当外力造成移位骨折或关节脱位后，破坏了附着于骨骼各肌肉间平衡，在骨折端上仅有部分肌肉的起止，而且大都是单方面作用的肌群，缺乏相应的拮抗肌，导致折骨被牵拉而移位。这是骨折后折端移位和治疗后再移位的原因之一。

### （二）复位原则

何仁甫的骨伤整复思想一方面来源于家传何氏骨科和传统中医骨伤科，另一方面来源于其在原华西协和医院学习的西医学尤其是解剖学、生理学知识。其在整复骨伤时，对于医生和患者所处的位置、患肢摆放的体位、医者双手所放的位置均有讲究，目的是放松患肢以便于开展整复。何仁甫的传人何天佐在其口授心传之下，充分掌握其整复手法精髓，并结合现代骨科学、生物力学知识，总结出具有何氏骨科特色的整复方法，名曰"瞬间复位法"。

瞬间复位法注重人体的解剖关系，要求医生不仅要了解受伤的外力和骨折断端移位的方向，还要仔细分析阻碍复位的抗力和再移位的倾向力，所施手法必须在不造成新的人为损伤的前提下，克服阻碍复位的抗力，利用关节的功能活动化解肌肉阻碍复位的抗力，并充分调动人体自身恢复平衡的动力以恢复机体的内平衡。其具有如下特点。

第一，所有整复手法均为复合型动作。医者在施术过程中，双手、双肩，乃至腰、腿、足要协同配合，使动作连贯，一气呵成。除个别手法需要助手配合用力外，多数手法可由单人独立完成。

第二，动作精练快捷，瞬间取效。正如《伤科汇纂》所言："法使骤然人不觉，患如知也骨已拢。"瞬间复位的关键在于使用"寸劲"，注意牵拉要"顺势"而为，讲究"骤然"和"平滑"的复位感觉，力争一次性复位成功，最大程度地减轻软组织的进一步损伤。

第三，注重克服阻碍复位的抗力。骨伤发生后，其远端移位都受一定的肌力影响。当医者进行整复时，这些肌力就变成了对抗整复的抗力。瞬间复位法要求不在对抗整复的肌力的轴向用力，而是根据力的平行四边形法则，与对抗整复的肌力成角度用力，从而化解对抗的肌力，减轻整复过程对伤折部组织的二次损伤。

第四，利用有利于整复的肌肉收缩。瞬间复位法强调调动人体自身恢复平衡的动力，为充分发挥患者主观能动性创造条件。瞬间复位时，正好使相应拮抗肌的收缩变得有利于整复和固定，从而增强治疗后的稳定度，缩短愈合期。

## （三）常用手法

### 1. 手摸心会法

手摸心会法是何仁甫临床诊断治疗骨伤的主要方法。根据《仙授理伤续断秘方》中的"忖度便见大概"及《医宗金鉴·正骨心法要旨》中的"手随心转，法从手出"思想，何仁甫将考虑、揣摩、捻捺手法相结合，形成了手摸心会法。具体操作是先用手触摸伤处，由轻到重，由浅及深，由远及近，从而了解损伤发生于软组织还是骨骼、骨折移位的方向等，进而在医者头脑中构成损伤的立体形象，以便采取进一步的手法治疗。在现代X线片的条件下，手摸心会法仍是施用具体手法的必要步骤及前提，贯穿于整复过程的始终。

### 2. 拔伸法

拔伸法又名"牵引""曳正"，即用手、腋、腰、足或器械来牵拉伤折两端的治疗方法。《仙授理伤续断秘方》在"医治整理补接次第口诀"中提出："一煎水洗，二相度损处，三拔伸，四或用力收入骨，五捺正。"《医宗金鉴·正骨心法要旨》有"或拽之离而复合"的记载，说明本手法蕴含"欲合先离，离而复合"之妙。拔伸法可对抗肌肉的痉挛短缩，纠正骨折远端的短缩移位，改善旋转、成角移位，对有侧方移位的断端有轻度挤压作用。拔伸法的用力方向常根据骨折移位的方向来决定，一种是以骨折近端的纵轴方向为拔伸方向；另一种是先以骨折远端的纵轴方向为拔伸方向，待肢体长度恢复或稍长时，再将拔伸方向缓慢回到骨折近端的纵轴方向来。应注意，拔伸法不能应用于骨折有分离移位或某些撕脱骨折，以免加重伤势。

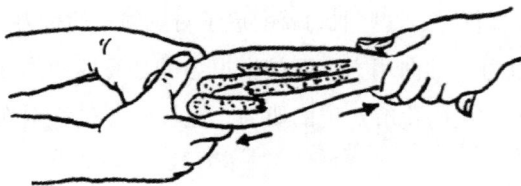

图 13  拔伸法

### 3. 捺正法

广义的捺正法包括全部骨伤整复手法，狭义的捺正法指用手重按使骨折平复的整复手法。《医宗金鉴·正骨心法要旨》言："端者，或两手一手，擒定应端之处，酌其重轻，或从下往上端，或从外向内托，或直端、斜端也。盖骨离其位，必以手法端之，则不待旷日持久，而骨缝即合，仍须不偏不倚，庶愈后无长短不齐之患。"

捺正法包括两点捺正法和三点捺正法两种。两点捺正法用于骨折侧方向移位。在拔伸手法下，医者一手按压偏离肢体纵轴向外突出的骨折远端，另一手按住向内突出的骨折近端，使其达到解剖复位。在骨折部位存在重叠、旋转、成角移位时，应先校正这些移位，再作两点捺正法校正侧向移位。按捺点应放在最高突出点或其附近，尽量接近骨折线，两点连线应通过骨折近端轴心。

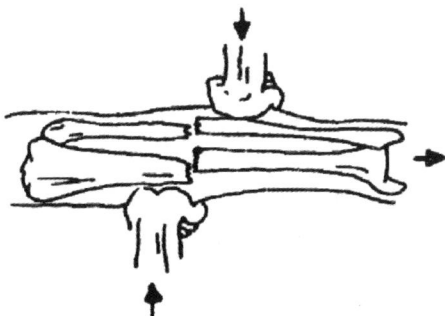

图 14　两点捺正法

　　三点捺正法用于骨折有成角移位者。在拔伸手法下，医者一手按捺成角侧的角顶部，另一手按捺对应侧骨折远端的远端，助手固定对应侧骨折近端的近端，三点施力向肢体纵轴方向推按，矫正成角和移位。三点捺正法应注意准确掌握成角方向，在对应侧按捺的两力点应远离骨折线，但一般不超过关节，因力臂较长，不可用力过猛，以免造成移位和新损。

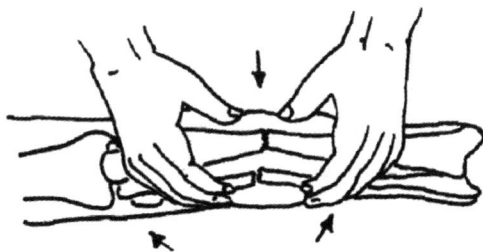

图 15　三点捺正法

### 4. 折顶法

　　临床复位横断或锯齿型骨折，单靠手力牵引不容易完全矫正重叠移位时，可用折顶手法。医者双手拇指向下抵压突出的骨折端，其他四指重叠环抱于下陷的另一骨端，加大成角拔伸，至两断端同侧骨皮质相遇时，骤然将成角矫直，使断端对正。操作时，助手与医者动作应协调、稳妥、敏捷。折顶手法操作要仔细，以免骨锋损伤重要的软组织。

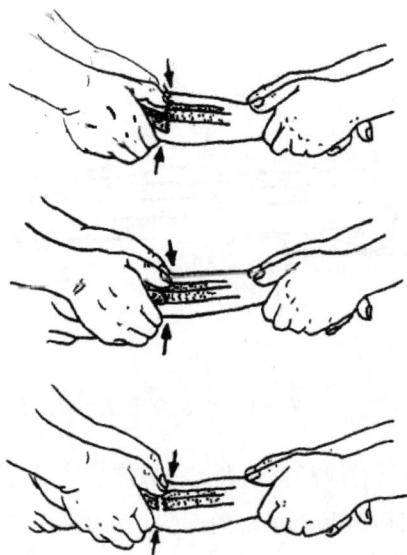

图 16　折顶法

### 5. 旋转法

　　旋转法是在有旋转移位骨折的肢体上，根据折骨旋转的方向，反向用力旋转，使移位得以整复的手法。《仙授理伤续断秘方》中有"凡左右损处，只相度骨缝，仔细捻捺"的说法，其中"捻捺"即为"捻转捺正"之意。清·胡廷光在《伤科汇纂》中提出踝部脱位"内凸向外拗，外凸向内把"的整复原则。"拗""把"都是整复旋转移位骨折的方法。旋

图 17　旋转法

转法可用于治疗斜形或螺旋形骨折、部分关节骨折，以及断端间有软组织嵌夹等方面。

### 6. 屈伸法

屈伸法是在拔伸下作关节屈伸的手法。《医宗金鉴·正骨心法要旨》言："或拽之离而复合，或推之就而复位。"屈伸法多用于近关节骨折或关节内骨折的整复，也用于上述骨折治疗后的整理归原。近关节部位的骨折断端常太短小，不易握持，无法复位。采用屈伸法可利用关节屈伸时周围筋膜、肌腱的牵拉力带动折骨进行整复。如整复肱骨髁上骨折和肱骨远端骨折屈

图 18　屈伸法

曲或伸直型，可根据骨折类型作屈伸法，再结合其他手法进行整复，常获满意效果。有时关节内骨折因折片被附着的肌肉收缩牵拉，进而产生移位。可以在对该牵拉肌有影响的关节上做屈伸法，使该肌被拉紧或松弛，便于整复。如整复肱骨内上髁骨折，折片嵌夹在肘关节内，可作腕关节背伸，使屈指总肌腱紧张，牵拉折片，配合其他手法，使折片被牵引而退出关节隙，再作腕关节掌屈，放松前臂屈肌群，以便作折片的复位。另外，屈伸法还可以用于关节内骨折或近关节骨折治疗后，以检查复位的骨折在关节屈伸时有无障碍，使被骨折线波及的关节面模造塑形，促使关节面恢复平滑，清除骨折对合后的残余移位。此时，屈伸法既有检查作用，又有整复作用。

### 7. 摇晃法

摇晃法是使两折端呈内外方向或前后方向轻度成角状移动的手法，用于横形短斜形骨折有侧方移位骨折面锯齿相嵌。若单用捺正法，可使骨折面细小的齿状突起折断，增加损伤，影响骨折治疗后的稳定性。采用摇晃法可以避免齿状突起折断，使骨折面紧密吻合，增加骨折端的稳定性，促进骨愈合。具体操作是在拔伸手法下，加用捺正法，一手按捺骨折近端移位突起点，另一手按捺骨折远端移位突起点，作推按摇晃数次，摇晃折角为 10°～30°。此外，摇晃法还可用于陈旧性骨折畸形愈合经人工折骨后，用来松解周围软组织的粘连和痉挛，便于二次整复。

图 19　摇晃法

### 8. 挤捏法

挤捏法是用双手在骨折同一水平面上作相对挤压按捏进行整复的手法。《救伤秘旨》中记载的"揣搦相按归原"就是指挤捏法。挤捏法的原理是在相对方向用力，使折断承受向轴心挤压的合力，从而使分离的骨折端或骨折片得到整复。挤捏法用于整复长骨斜形骨折、螺旋形骨折有分离移位，或横形骨折轻度侧方移位，或粉碎性骨折有分离移位，或有位移的跟骨骨折。

图 20　挤捏法

### 9. 分骨法

分骨法是以一手或双手拇指为一方，其余四指为一方，插进两骨之间进行整复，以恢复原有骨间隙的方法。两骨或多骨并列部位的骨折，折端常因暴力作用、骨间膜作用和骨间肌作用而造成两骨间隙狭窄、成角移位或侧方移位。分骨法使断端承受"向外分开"的分力，从而整复向轴心靠拢的成角畸形和侧方移位。

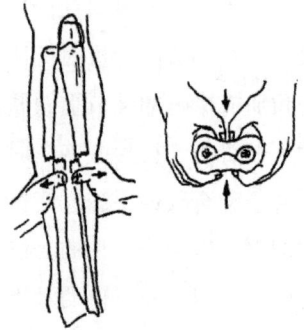

图 21　分骨法

### 10. 合骨法

合骨法是使有分离移位的两折面尽量靠拢的手法，用于骨折后两骨折断被肌肉牵拉呈分离移位，或治疗后两折面仍有一定距离，《伤科汇纂》称其为"此为缩法之手功"。合骨法可用于整复髌骨骨折、尺骨鹰嘴骨折、肱骨外科颈骨折等，均采用轴向加力，使折面彼此靠紧，从而加速骨折愈合。

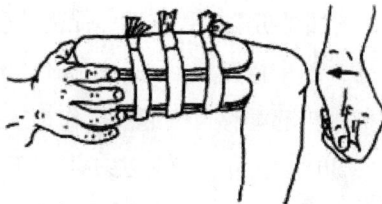

图 22　合骨法

## （四）固定方法

固定是治疗骨伤科疾病的重要环节和基本手段之一，是减轻疼痛、修复损伤的重要环节，也是骨伤按期愈合的基本条件。有效的固定可以维持手法整复效果并补充其不足，许多强制性体位及外用药物与患部的持续接触都要依靠固定来实现。如果未采取有效固定，骨折部位容易发生再移位。

联合夹缚外固定术是何氏骨科治疗中的重要环节。正如《医宗金鉴·正骨心法要旨》所言："跌扑损伤，虽用手法调治，恐未尽得其宜，以致有治如同未治之苦，则未可云医理之周详也。爰因身体上下正侧之象，制器以正之，用辅手法之所不逮，以冀分者复合，欹者复正，高者就其平，陷者升其位，则危证可转于安，重伤可就于轻。再施以药饵之功，更示以调养之善，则正骨之道全矣。"

外固定器具是中医骨伤科的特色。何仁甫在制备外固定器具方面推崇自然，主要体现在以下方面：①自然取材。何仁甫常选用自然物品作为骨折固定材料，如竹片、杉木板、杉木皮、桑白皮、柳枝、木板、牛皮等。②利用自然物的自然性能。何仁甫善于利用竹片、柳枝、杉木皮、杉木板的自然弹性去纠正偏斜移位。若患者腰部肌肉群力量大，控制移位较难时，何仁甫常采取增大自然物体积的方式来提高控制移位的强度。"通木""腰柱"等即属于此类。③利用现成的生活物品。何仁甫临床使用的许多外固定器具都是由生活物品略加裁剪而成，如"竹帘"取自夏月凉帘，"裹帘"用绢片或布片裁剪而成，"披肩"用熟牛皮制成，等等。

何仁甫提出"因形制具"的理念。"形"包含着两层意思：第一是"形状"，第二是"形式"。"形状"即骨折部位肢体的外形和骨骼的形状走向。何仁甫强调制作外固定器具要"体相相得"，只有这样才能固定牢靠，才能避免骨折部分再次发生移位。何仁甫基于"因人制宜"理念，在完成骨折治疗后，通常选用与患者骨骼生理形状相匹配的材料。如肱骨远端有肱骨干轴线与肱骨髁轴线之间所形成约 $30°$～$50°$ 的夹角，因此在固定肱骨远端骨折时，所用夹板前后侧均有一个向前的曲度。"形式"是骨折的受伤机制和移位方向。在固定患肢时，当对骨折的受伤机制和移位方向详加辨析，选用合适的夹板，并根据骨折移位的方向放置夹板。以桡骨远端骨折为例，若为屈曲型骨折，长夹板当放置在掌侧，超过腕关节，将腕关节固定在背伸位；若为伸直型骨折，长夹板当放置在背侧，超过腕关节，将腕关节固定在屈曲位。此外，临床还应当根据骨折的移位制定必要的压垫，一方面防止骨折再移位，另一方面可以纠正未复位的残余移位。以股骨干下段骨折为例，骨折远端受腓肠肌牵拉向后下方移位，在骨折治疗后，需在骨折的远端（大腿的后侧）、近端（大腿的前侧）分别放置压垫，以防止骨折再移位。再如儿童前臂青枝骨折，断端骨膜及其附近软组织的一侧已断裂，而另一侧尚保持完整，故治疗后两侧张力不平衡，因此需要在成角顶点和另一侧远、近端各放置一个压垫，通过三点加压并配合夹板固定，以防止再次出现成角畸形。

　　小夹板是何仁甫固定骨折的主要用具，质地较轻，且具有可塑性、韧性、弹性、透气性及 X 线通透性，有利于随时检查、调整，体现了"动静结合""筋骨并重"原则。从生物力学分析，小夹板外固定时，外缚的系带产生约束力，通过小夹板传达到纸压垫，产生效应力以对抗、平衡骨折局部肌力牵引移位力。当局部肌肉收缩时，局部体积增大，效应力最大；当局部肌肉松弛时，由于小夹板回弹，仍能保持住效应力，从而保证动态有效固定。在小夹板的作用下，纵向分布的肌肉间歇性收缩，会在骨折断端产生间歇性压应力，促进骨折愈合及骨塑形，此即为"筋能束骨"，小夹板之间的空隙能保证患肢的血液循环，也有利于骨折的愈合。使用超关节小夹板配合相应的纸压垫，既能限制骨折的移位，也能使关节进行一定的活动，有利于关节功能恢复。

# 五、手法与练功

## （一）手法特点

　　何仁甫特别强调手法在骨伤科疾病诊疗方面的重要性。在骨伤整复方面，何仁甫秉承蒙医伤科、少林伤科及中医骨伤科的正骨手法，推崇"诚以手本血肉之体，其宛转运用之妙，可以一己之卷舒、高下、疾徐、轻重、开合，能达病者之血气凝滞、皮肉肿痛、筋骨挛折与情志之苦欲也。较之以器具从事于拘制者，相去甚远矣。是则手法者，诚正骨之首务哉"之说，认为手法如书法，手到、心到、气到，才能心手合一，运用自如，因此要做到"气沉丹田，力透肱腕，劲达指端，视之不见，触之如电"，发挥"法使骤然人不觉，患如知也骨已拢"的效果，同时注意减轻患者痛苦，避免伤而再伤。在治疗骨病方面，何仁甫强调将手法和药物相配合，有些疾病当以手法治疗为主，药物治疗为辅；有些疾病当以手法为先锋，以药物为主力。二者先后有序，主次分明，相得益彰，可发挥事半功倍之效。

何仁甫施用手法均以双手配合完成，手法轻柔，善用巧劲，巧劲中带有暗劲，即所谓"视之不见、触之如电"，而少用刚强剧烈的手法，如扳、踏、捶等，从而避免虚虚实实之弊。正如张介宾所言："导引者，但欲运行血气而不欲有所伤也，故惟缓节柔筋而心和调者乃胜是任，其义可知。今见按摩之流，不知利害，专用刚强手法，极力困人，开人关节，走人元气，莫此为甚。病者亦以谓法所当然，即有不堪，勉强忍受，多见强者致弱，弱者不起，非惟不能去病，而适以增害。用若辈者，不可不为知慎"。何仁甫在临床上根据骨伤、骨病的分类选择手法，按照八纲辨证判定疾病的部位、性质，施用手法或轻或重，或补或泻，适事为故。以腰椎间盘突出症为例，中医骨伤科将其分为肝肾不足、风寒湿痹、气滞血瘀、湿热闭阻等型，何仁甫根据其具体证型特点，采用针对性的手法加以治疗。如治疗寒湿痹阻型，何仁甫常采用穴位点揉、弹提舒筋加夹脊振抖法推拿治疗。

何仁甫运用手法治疗时，常根据患者病因病机配用不同的外用药酒。治疗骨伤科疾病证属气滞血瘀者，何仁甫常选用活血化瘀类药酒，将青皮、当归、红花、赤芍、陈皮、油松节、川芎、大黄、伸筋草、舒筋草、乳香、没药等药物用白酒浸泡，过滤后喷（涂搽）于患处，再进行推拿按摩，以达到行气活血、消肿止痛之功。治疗陈旧性损伤或风湿痹症，何仁甫常选用温经通络类药酒，方用秦艽、制草乌、木瓜、羌活、制川乌、油松节、川芎、当归、赤芍、红花、红毛五加皮、杜仲、续断等，喷（涂搽）于患处后在患处施行手法，以达到祛风散寒、活血通络之效。

## （二）医武结合

武术界有一句话叫"练武不练功，到老一场空"。练功包含着骨伤科医生指导患者练功和医生自身练功两个方面。指导患者练功在提高治疗效果、促进损伤修复、促进人体功能康复等方面具有重要意义，体现了中医骨伤科动静结合的治疗理念；骨伤科医师练功则可以强健体魄，增加肌力，还可以提高其运用手法的能力。

何仁甫指出，医者须有"熟悉人体之骨骼形态、关节结构，筋肉之分布及附着于骨之起止点"的功底，需要对骨伤诊断及整复技术勤加练习，同时进行针对性训练。如寻摸千层纸法可提高医者手指触觉的敏感度，牵拉橡皮条法可提高医者前臂力量和整体、协调的牵拉劲，卷千斤棒及拧筷子功可提高医者双臂肌肉的旋转劲，提拉橡皮条法可提高医者手指、前臂、整体的提升劲，抓石锁及解绳结法可提高医者手指指端的按压分离劲，扣捏绷带卷及手指挣提石锁可训练医者手指指端的扣压劲与挣挑劲。骨伤科医生如能循序渐进地进行上述训练，在手法施治过程中则能达到收放自如的境界。

何仁甫恪守家族传统，自幼习武强身，长于气功和单刀，练功强调以意领气，以气贯形，以意领体，身随意动，动作应与呼吸相配合，使形神相得。何仁甫强调"医武不分家"，要求施展手法时做到"气沉丹田，力透肱腕，劲达指端"，认为其关键在于"气、力、劲"三字。力是指力量。人体各部的力量是劲力的基础，力量越大则内劲就有可能越大，因此骨伤科医生要首先锻炼力量。力量包括最大力量、快速力量、力量耐力等不同维度，因此骨伤科医生既要进行抗阻训练，也要进行爆发力训练及耐力训练。气是指内气。肌肉的高度协调运动有赖于内气的作用。正如古拳谱所说："心为令，气为旗，神为主帅，腰为驱使，所谓'意气君来骨肉臣'也。"内气贯通于全身，则周身上下协调、统一，一动无有不动，一静无有不静，进而演化出内劲。因此，何仁甫认为骨伤科医生应当勤练功法，达到以意领气，以意贯神，以气催形，以形生力的境界。

何仁甫常说骨伤科医生要不怕苦，做到"夏练三伏，冬练三九"。正如文艺界所言："台上几分钟，台下十年功。"打熬武术中的一招一式、一拳一腿，与研判骨伤科疾病的发生、发展和预后一样，都需要功在平时。此外，骨伤科医生在施用手法时，当平心静气，集中注意力，真正做到手到、心到、气到，心手合一。在复位骨折时，如果医生注意力不集中，不能对患处详加审察，力量不能集中施发，则难以成功复位，甚至造成新的损害。在推拿按摩时，如果医生心不在焉，则手法飘忽，力度不深透，更无法发挥轻重缓急、补泻开阖之功。

川派中医药名家系列丛书

# 学术传承

何仁甫

何仁甫晚年按照"父子相传，不传外人"的习俗和何氏家规，将何氏骨科医学及其平生所学，传给了自己有志继承何氏祖传医术的三个儿子——长子何天祥、四子何天佐、五子何天祺。几位传人深受其影响，致力于传承发扬家传绝学，使何氏骨科在随后的数十年内蓬勃发展，迅速成为四川著名骨科流派，并于2013年成功入选首批全国中医学术流派传承工作室建设项目。

## 何天祥

何天祥（1923—2019），蒙古族，何仁甫长子，何氏骨科第五代传人，研究员，曾任四川省舞蹈损伤研究所所长、四川天祥骨科医院顾问、中国艺术医学协会副会长、国际艺术与医学协会会员、中国舞蹈教学学会学术委员、美国洛杉矶中国传统文化研究院客座教授，1990年获全国五一劳动奖章，1991年获国务院政府特殊津贴，1998年创办四川天祥骨科医院。何天祥将何氏骨科医学运用于艺术形体损伤的诊疗，提出"医舞结合、边舞边医、以医促舞"原则及舞蹈损伤疗法，使舞蹈损伤率大大下降。其在专著《中国艺术形体损伤诊治学》中创造性地提出了若干有关艺术形体损伤的独特见解，被誉为东方艺术医学大师。

## 何天佐

何天佐（1941—2018），蒙古族，何仁甫四子，何氏骨科第五代传人，四川何氏骨科流派代表性传承人，解放军专业技术1级退休干部，第二批全国老中医药专家学术经验继承工作指导老师，历任原成都军区八一骨科医院院长、原成都军区政治部成都三洞桥干休所主任医师、八一骨科医院终身名誉院长等职，曾获国家有突出贡献中青年专家称号，享受国务院政府特殊津贴。1992年，何天佐主持的"何氏骨科系列药品开发研究"课题，被中华人民共和国原国家科学技术委员会列入"星火计划"项目。2001年，何天佐应用现代中医药研制技术，在何氏家传秘方基础上研制出"消肿镇痛膏"和"强腰壮骨膏",并均取得了国药准字及国家发明专利证书。1990—1995年,何天佐耗时五载,撰写完成何氏骨科的第一部学术专著——《何氏骨科学》,共计100余万字。该专著是何天佐根据何氏祖传医术及本人50余年的临床实践,应用中医药学、现代医学和生物力学等相关学科知识,概括、阐释何氏骨科的医学思想及理法方药,提出了"骨伤""骨病""先天骨疾患"的骨科疾病分类,以及"治骨先治肉""损伤一证,固从血论,更当重气""骨伤手法在先,骨病药物为主""分部位联合用药""联合外固定""瞬间复位法""夹脊振抖法"等若干新的诊疗原理及方法。2011年,"何天佐传统中医药正骨疗法"被四川省人民政府列入第3批四川省非物质文化遗产名录。2012年,何天佐成功组织四川仁甫何氏骨科技术研究中心申报全国中医学术流派传承工作室建设项目,四川何氏骨科流派传承工作室成为全国首批64家中医学术流派传承工作室之一。

## 何天祺

何天祺(1946— ),蒙古族,何仁甫五子,何氏骨科第五代传人,主任医师,现任四川何氏骨科医院院长、四川何氏骨科研究所所长,1985年创办四川何氏骨科医院,1987年获中华人民共和国原卫生部"全国卫生文明建设先进工作者"称号,1989年何天祺获"全国先进工作者"称号和全国五一劳动奖章,1999年获国务院政府特殊津贴。数十年间,何天祺曾多次应邀赴美国、马来西亚、德国及东南亚各国讲学和交流学术,提高了何氏骨科在国际传统医学界的地位。

参考文献

川 派 中 医 药 名 家 系 列 丛 书

何仁甫

［1］何天祥.中国艺术形体损伤诊治学［M］.何浚治，整理.成都：四川科学技术出版社，1994.

［2］何天佐.何氏骨科学［M］.北京：人民卫生出版社，2009.

［3］张俊忠.发育性颈椎管狭窄对中药治疗颈椎病效果的影响［J］.中国中医骨伤科杂志，2001，9（3）：10-12.

［4］王道全.推拿临床治疗学［M］.济南：山东中医药大学，2005.

［5］吴一梦，高书图，刘又文，等.手法配合西药治疗神经根型颈椎病（风寒湿证）疗效观察［J］.中医临床研究，2014，6（26）：42-43.

［6］许毅强.八珍汤加味治疗气血亏虚型颈性眩晕51例疗效观察［J］.实用中西医结合临床，2010，10（2）：49-50.

［7］张盛强.腰椎间盘突出症682例治疗分析［J］.按摩与导引，2000，16（1）：38-43.

［8］张北军.腰背肌功能锻炼在80例腰椎间盘突出症患者的远期疗效分析［J］.求医问药（下半月），2012，10（12）：55.

［9］张有为，胡波，胡志俊.导引对脊柱退行性病变的保健治疗作用［J］.中医正骨，2010，22（12）：36-37.

［10］张永生，柴欣楼.中医药治疗类风湿关节炎临床研究概况［J］.中国中医药信息杂志，2009，16（11）：99-101.

［11］郝军，高文香，邹春雨."筋为骨用"理论方法综合治疗膝骨性关节炎80例临床观察［J］.中医杂志，2009，50（2）：139-141.

［12］李颖，汪悦，覃仕化，等.类风湿性关节炎的研究进展［J］.中国矫形外科杂志，2011，19（7）：581-584.

［13］陈卫衡，刘道兵，孙凯，等.股骨头坏死中医证型与相关理化指标关系的研究［J］.中国骨伤，2005，18（9）：513-516.

［14］李宏宇，蔡敏，谭毅.酒精性股骨头缺血性坏死的研究现状和进展［J］.中国临床新医学，2012，5（10）：992-996.

［15］李汶忠.中国蒙古族科学技术史简编［M］.北京：科学出版社，1990：276.

［16］旺钦扎布.蒙古族正骨学［M］.沈阳：辽宁民族出版社，2005：6.

［17］爱新觉罗·昭梿.啸亭杂录［M］.北京：中华书局，1980：396.

［18］王振国.中国古代医学教育与考试制度研究［M］.济南：齐鲁书社，2006：333.

［19］韦以宗.中国骨科技术史［M］.2版.上海：上海科学技术文献出版社，1986：4.

［20］陈大舜，易法银，袁长津.中医临床医学流派［M］.北京：中医古籍出版社，1999.

［21］丁继华.伤科分类的探讨［J］.中国中医骨伤科杂志，2004，12（1）：61-62.

［22］德虔.少林寺秘方集锦［M］.郑州：河南科学技术出版社，1986.

［23］孟乃昌.中国炼丹术与中医外科学的关系［J］.中医药学报，1984，12（2）：5-10.

［24］阙华发.思考中医外科［J］.上海中医药杂志，2013，47（3）：4-8.

［25］赵洪钧.近代中西医论争史［M］.合肥：安徽科技出版社，1989：65.

［26］杜自明.中医正骨经验概述［M］.北京：人民卫生出版社，1960：7.

［27］马占之，胡兴山，李向春.前臂中立位尺桡骨生理角度和位置关系的解剖及X线观测［J］.中国中医骨伤科杂志，1992，8（1）：9-11，2.

［28］莫通，冯德荣，黄绍灿，等.骨科临床康复学［M］.北京：中国科学技术出版社，1997：7.

［29］李义凯.脊柱推拿的基础及临床［M］.北京：军事医学科学出版社，2001：6.

［30］ADAMS M A，BOGDUK N，BURTON K.Patricia Dolan：The biomechanics of back pain［M］.2nd ed.Edinburgh：Churchill Livingstone，2006：81-115.

［31］张其成.中医哲学基础［M］.北京：中国中医药出版社，2004：151-420.

［32］林乔，王米渠，吴斌.五行的科学定义与分子生物学［J］.现代中西医结合杂志，2003，12（23）：2505-2507.

［33］吉日嘎拉.蒙医骨伤学［M］.呼和浩特：内蒙古人民出版社，2007：13.

［34］王爱民，李起鸿.骨折愈合的细胞和分子水平研究进展［J］.中国矫形外科杂志，1997，4（4）：323-325.

［35］成羿，项东，戴宇.活血化瘀中药在骨折早期治疗中抗自由基损害的临床研究［J］.中国中医骨伤科，1998，6（3）：20-23.

［36］柳海峰，陈晋杰，杨佩荪，等.三花接骨散促进生长激素和骨折愈合的研究［J］.中国中医骨伤科，1998，6（2）：7-11.

［37］高飞，王明喜.铜与自然铜用于接骨的历史与现状［J］.中医正骨，1998，1（1）：45-46.

［38］赵毅.对明代手法医学盛衰的思考［C］//中国中医药学会.全国推拿流派与文献交流会论文集，北京：中国中医药学会，2001：9-15.

［39］杜鸿纯.按摩正骨歌诀实践［M］.西安：三秦出版社，1989.

［40］李彪.外治基本理论探讨［J］.中医外治杂志，1999，8（4）：3-4.

［41］袁久荣，王爱武，荆淑红，等.中医经皮给药与中药透皮吸收研究进展［J］.中国医药学报，2003，18（4）：243-246.

［42］曹春林.中药药剂学［M］.上海：上海科学技术出版社，1986：325-326.

［43］刘忠恕.丹药的过去、现在和将来［J］.中国中西医结合外科杂志，1997，3（3）：70-71.

［44］苏和毕力格，奇太宝，色仁那木吉拉.蒙古医学经典丛书·正骨学［M］.呼和浩特：内蒙古人民出版社，1999：2-4.